WILLIGIS: Die Hüter des Karma

WILLIGIS

Die Hüter des Karma

Aquamarin Verlag

Das Titelbild »Initiation« wurde von Gilbert Williams gemalt.

ISBN 3-922936-23-7

Flurstraße 6, 8011 Forstinning/München

Satz u. Druck: J. Mayer KG, 8300 Landshut/Kumhausen

Inhaltsverzeichnis

I. Der Truchseß

Ein herrlicher Morgen blaut über Rom. Festlicher Trubel erfüllt schon frühzeitig die Gassen und Plätze der ewigen Stadt. Girlanden schmücken die Häuser und Paläste. Von den Balkonen hängen kostbare Teppiche herab. Wimpel und Fähnchen flattern lustig im Morgenwind. Überall Blumen und festlich geschmückte Menschen, die sich lachend und scherzend ihrer Lebensfreude hingeben.
Nach Wochen düsterer Sorge, der Verzweiflung nahe, den Rom belagernden Normannen zu erliegen, ist in letzter Stunde, gerufen von Papst Hadrian IV., der deutsche König Friedrich der Staufer, wegen seines rötlichen Vollbartes "Barbarossa" genannt, mit seinem Heere erschienen, hat die Normannen in die Flucht geschlagen und Rom befreit. Zum Dank für diese Hilfe in höchster Not wird ihm der heilige Vater die Kaiserkrone des Heiligen Römischen Reiches Deutscher Nation auf das Haupt setzen.
Fast sieben Jahre, seit er zum König der Deutschen gewählt wurde, hat sich Barbarossa zurückgehalten; hat bedächtig sein Reich geordnet und auf seine Stunde gewartet. Als der Hilferuf des Statthalters Christi ihn erreichte, ist er mit großer Heeresmacht herbeigeeilt, ist als Schwert der Christenheit erschienen, und am 18. Juni 1155 wird er nun vor aller Welt feierlich zum Römischen Kaiser und Schirmherren erhoben.

Langsam schreitend strebt ein hochgewachsener Ritter durch das Menschengewühl dem Platz vor dem Hadrianspalast zu. Er führt an der Hand einen schlanken Knaben im Festwams. Die Augen des Zwölfjährigen nehmen mit wachem Interesse das bunte Bild der Gassen und des Völkergemisches auf, in

dem sich die beiden bewegen, und das an ihnen vorüberflutet, sie oft so eng einschließend, daß sie nur Schritt für Schritt vorwärtskommen. Endlich ist die Zugangsstraße erreicht. Kaiserliche Reisige mit ihren Hellebarden sperren den Weg und geben ihn nur den Vornehmen, den Nobili Roms, den Patriziern und den Rittern frei. Eingekeilt inmitten einer prächtig geschmückten Menge steht nun der Ritter von Lichtenau mit seinem Knaben.
Vergeblich versucht der kleine Erek etwas zu sehen. *„Hebt mich doch hoch, Vater"*, bettelt er voller Ungeduld. Lächelnd hilft ihm der Ritter. Er hebt den Knaben auf seine Schulter. Gerade zieht Friedrich Barbarossa, umgeben von glänzendem Gefolge, in den Hadrianspalast ein. Fanfaren schmettern, die Glocken Roms läuten. Die Sonne strahlt am blauen Himmel, sie läßt das buntfarbene Bild in allen seinen Aspekten aufleuchten. Der Knabe ist ganz hingerissen. Mit brennenden Augen erschaut er den Glanz, der sich ihm darbietet. Erregt ruft er, auf den Kaiser zeigend, dessen goldener Kettenpanzer, in der Sonne schimmernd, die hohe Gestalt wie mit einer Gloriole umgibt: *„Ist er das, Vater?"* Der Ritter nickt. Ganz leicht, fast zärtlich, streichelt die Rechte beruhigend den Jungen. Erek empfindet es kaum. Mit allen Sinnen nimmt er das Geschehen in sich auf. Seine junge Seele ist erfüllt von dem Verlangen, inmitten solchen Glanzes in der Nähe jenes herrlichen Recken leben und ihm dienen zu können.

„Ich werde des Kaisers Ritter sein", stolz und bestimmt sagt es der Knabe. *„Das wirst du, Erek. Wir sind es alle"*.
„Nicht so wie du und die andern, die der Kaiser nicht kennt. Mich wird er kennen. Ich werde an seiner Seite schreiten".
Der Vater lacht: *„Warten wir es ab. Werde erstmal ein Ritter, dann reden wir wieder darüber"*.

Erek schmollt. Es kränkt ihn, daß der Vater sich über ihn lustig macht. Still geht er zurück. Begütigend zieht ihn der Ritter an sich. *„Du bist noch jung, Erek. Ein langes Leben liegt vor dir. Vielleicht wird es dir geben, wonach du verlangst"*. Schnell versöhnt schmiegt sich der Knabe an ihn.
Beim Essen in der einfachen Herberge läßt die erregte Phantasie den Knaben nicht zur Ruhe kommen. Immer wieder stellt er Fragen, die den Ritter oft in Verlegenheit bringen, weil er sie nicht zu beantworten vermag. *„Komm, Erek, die Nachtschatten senken sich hernieder. Laß uns schlafen gehen, morgen in der Frühe reiten wir heim"*. Zögernd folgt der Knabe. Der Ritter bettet ihn auf sein Lager. Gemeinsam wird das Nachtgebet gesprochen. Bald umfängt Vater und Sohn der Schlaf.

* * *

Knirschend und ächzend senkt sich die schwere Zugbrücke. Die Ketten rasseln. Das Rauschen des Wildbaches, der tief unten herniederstürzt, vermischt sich mit diesen Geräuschen. Der Ritter von Lichtenau, seinen Knaben vor sich auf dem kräftigen Pferde, kehrt mit seinen Reisigen und Knappen heim in die Burg seiner Väter. Hoch oben auf trotzigem Fels thront sie in der Bergwelt der Vogesen.
Unbeholfen knickst die alte Muhme Barbara. Mit dem Zipfel der weißen Schürze wischt die zitternde Hand die Tränen fort, die ihr die Freude über die Heimkehr ihres Herrn und Ereks entlockt. *„Grüß Gott, Barbara"*, tönt die helle Knabenstimme vom Pferde herab, *„wir haben den Kaiser gesehen. Es war wunderschön. Ich muß dir gleich alles erzählen"*.
Erek kann es kaum erwarten, daß ihn der Vater vom Pferde hebt. Er stürzt auf die alte Muhme zu und hängt an ihrem Halse. *„Jungchen, Jungchen, du bringst mich ja um"*, strahlend

vor Glück wehrt sich die Alte. Der Ritter tritt näher. Lächelnd, mit innerer Rührung, betrachtet er die beiden. Gute alte Seele. Was täte ich ohne sie. Allein könnte ich Erek nicht die Mutter ersetzen, die seinetwegen von uns gehen mußte.
Er kann sie nicht vergessen, seine Konstanze. Sie lebt in ihm und um ihn, wie in den fernen Tagen ihres so großen Glücks. Darum hat er auch dem Jungen keine zweite Mutter gegeben.

Das Bild jener Holden, Reinen darf nicht verwischt werden. Sein Junge ist ihm alles. Für ihn lebt er und für jene geliebte Tote, die ihm oft in seinen Träumen noch so greifbar nahe ist.

„Ist alles in Ordnung, Barbara?" Die Alte knickst. *„Ja, Herr, es ist auch alles bereitet. Gott segne eure Heimkehr"*. Gläubig schlägt sie das Kreuz.
Wieder umgibt den Ritter die weltentrückte Stille der alten Burg, die er so wohltuend empfindet. Hier ist er der Herr. Hier kann er ganz nach seinem Willen leben und schalten. Er brauchte die Welt dort draußen nicht, sie bedeutet ihm nur Unruhe und Kampf. Doch gemäß seinem Ritterwort muß er immer wieder hinausziehen, wenn der Heerbann aufgerufen wird. Bei jeder Rückkehr empfindet er das Wiedersehen mit der Heimat wie ein Gnadengeschenk des Höchsten.
Am andern Tage reitet der Ritter hinüber zum Kloster, in dessen Garten sich das Grab der geliebten Frau befindet. Ihr gilt der erste Weg, wenn er kommt, und es ist sein letzter, wenn er in die Ferne zieht.
Er hat Erek in Barbaras Obhut zurückgelassen. Begeistert erzählt der Knabe von all den Wundern, die er erlebte.
„Ach, Muhme, wie weit und wie schön ist die Welt, so ganz anders als hier. Ganz große Städte mit mächtigen Mauern und vielen Palästen. Die Türen haben goldene Klinken, und die Men-

schen, die dort wohnen, haben prächtige Kleider an, mit goldenem Schmuck und Juwelen. Du kannst es dir nicht vorstellen."
Nach einer Weile sagt er bedauernd: *„Woher solltest du es denn auch wissen, du hast es ja nie gesehen."*
„Doch", ereifert sich Barbara, *„ich war einmal mit der Herrin in Basel, bevor du zur Welt kamst. Da war ein großes Turnier. Viele Ritter kreuzten die Lanzen. Auf den Tribünen saßen die Edelfrauen. Es funkelte nur so von Gold und Geschmeide. Aber deine Mutter war die Schönste."*
„Hatte die Mutter auch so ein prächtiges Gewand?"
„Das hatte sie, doch weit schöner als das waren ihr Gesicht, ihre blauen Augen, ihr blondes Haar unter dem Perlennetz und ihre feinen Hände."
„Ich kann sie mir nicht vorstellen, meine Mutter. So gern hätte ich sie mal gesehen."
Der Ton schneidet der Alten ins Herz. Sie zieht den Knaben an sich. *„Deine Mutter ist im Himmel. Da ist es so schön, viel schöner als in dieser Welt. Dort ist immer ein Glanz um sie, viel herrlicher als der von Gold und Geschmeide."*
„Woher weißt du das, Muhme? Warst du denn schon dort?"
„Der ehrwürdige Vater, der Abt Bernard, erzählte mir davon. Der ist ein heiliger Mann. Er sieht hinein in jene Welt, und manchmal spricht er davon." Ganz leise, als fürchte sie belauscht zu werden, raunt es die Alte.
„Ich werde den Abt Bernard bitten, mir auch davon zu erzählen. Vielleicht sieht er die Mutter. Dann muß er ihr sagen, daß sie wiederkommen soll."
„Das wird nicht gehen, Erek. Aber wenn du sehr den lieben Gott bittest, wird dir die Mutter im Traume erscheinen."

* * *

Der Abt Bernard, ein würdiger Greis mit schlohweißem Haar und gütigem Gesicht, begrüßt den Ritter mit der Herzlichkeit des alten Freundes. Sie sitzen in dem traulichen Gemach des Abtes und plaudern.

„Laßt mich euch danken, ehrwürdiger Vater. Das Grab Konstanzes gleicht einem Blumenmeer. Sie liebte so sehr die Blumen."

Stille schwingt. Er ist immer der Gleiche, der gute Frederik. Konstanze ist der Inhalt seines Lebens. Um den Ritter abzulenken, fragt der Abt: *„Was macht die große Welt?"*

Lichtenau fährt aus seinem Sinnen auf: *„Was sie immer macht. Sie streitet untereinander."*

„Nun, da Barbarossa Kaiser ist, wird wohl Friede herrschen."

„Wir wollen es hoffen, aber er hat viele Neider. Werden sie Ruhe geben? Niemand weiß es."

„Wenn Kaiser und Papst einig sind, kann niemand gegen sie an."

„Wie lange wird das sein, ehrwürdiger Vater? Ihr wißt es so gut wie ich, keiner will dem anderen untertan sein. Jeder glaubt, er hätte das Vorrecht."

„Der Heilige Vater ist der Statthalter Christi, des Königs der Könige, und darum ist er über alle Könige gesetzt auf Erden. Er ist der Mittler jenes großen Reiches, das die Menschen mit Himmel bezeichnen."

„Dieses Reich sehen die anderen nicht. Sie glauben nur, daß es da sei, aber oft zweifeln sie. Sie sehen nur diese Welt und folgen hier dem Mächtigsten. Was können sie auch anderes tun?"

„Das ist richtig, mein Freund, darum hat der Statthalter auf dem Stuhle Petri ein schweres Amt. Unterwirft auch er sich dem Mächtigsten, nimmt er denen, die an seine Mittlerschaft glauben, den letzten Halt. Darum muß er immer wieder abwehren, muß machtgierige Hände zurückschlagen, die die dreifache Kro-

ne der heiligen Kirche in den Schatten der eigenen, einfachen ihres Reiches stellen wollen."

„Mir scheint, manchmal greift der Statthalter Christi zu Mitteln, die nicht seiner erhabenen Mission entsprechen."

„Was soll er tun? Was könntet ihr tun, wenn ihr ohne Macht einem Mächtigen gegenübersteht, der euch in den Staub zwingen will? Um der heiligen Kirche willen muß er Wege beschreiten, die dunkel anmuten. Er muß den Teufel oft mit Beelzebub austreiben, um das Königreich Christi, das nicht dieser Welt angehört, dessen sichtbarer Teil aber die heilige Kirche ist, vor dem Zerfall und dem Untergang zu bewahren."

Der Ritter schweigt. Der ehrwürdige Vater mag schon recht haben. Wollen sich nicht alle Könige des Papstes versichern, um durch ihn die anderen beherrschen zu können? Ist er ein wahrer Statthalter Christi, darf er sich nicht zum Werkzeug irdischer Machtkämpfe erniedrigen lassen. Wie nun, wenn ihn der Kaiser gegen den Papst führte? Unwillkürlich spricht er es aus.

„Das ist eine schwerwiegende Frage. Da stände Eid gegen Eid."

„Ich könnte mich dem Kaiser nicht entziehen, ehrwürdiger Vater, obwohl ich wüßte, einem Mächtigen gegen einen Machtlosen zu folgen, wie ihr es deutet."

„Das ist richtig. Ihr könntet es nicht. Folgt nur eurer Eidespflicht, die euch an den Kaiser bindet. Belastet ihr euch nicht mit frevelhaften Taten und kämpft ritterlich, so tragt ihr als Lehnsmann vor Gott keine Verantwortung. Sie fällt dem Lehnsherrn zu, der euch führt. Ist der Kaiser im Unrecht, muß er es büßen, noch in diesem Leben oder im Jenseits. Dasselbe gilt für den Papst. Sitzt ein Unwürdiger auf dem Stuhle Petri, wird er in den Abgrund geworfen, wo Heulen und Zähneklappern herrschen. Gott ist immer gerecht, und Gott kann niemand überlisten, denn Gott sieht das Herz an und nicht das Gewand."

Es ist schon dunkle Nacht, als Lichtenau auf seine Burg zurückkehrt. Er geht leise in die Kammer Ereks. Sein Junge schläft den sorglosen Schlaf der Jugend.

* * *

Von liebenden Händen behütet, wächst Erek zum Jüngling heran. Der Vater ist sein Lehrmeister in allen ritterlichen Künsten. Wöchentlich ein paarmal besucht Erek den Abt Bernard. Unter seiner Anleitung führt der Jüngling den Federkiel, erlernt die lateinische Sprache, um in den ledergebundenen Folianten des Klosters die verschnörkelte Schrift lesen zu können.
Abt Bernard vermittelt dem aufgeweckten jungen Manne sein großes Wissen, das alle Gebiete des Lebens berührt. Besonders bemüht er sich, in dem Junker den Glauben zu vertiefen, damit er ihm einen Halt gebe und ihn sicher geleite durch alle Stürme des Lebens.
Nächst dem Vater und der Muhme Barbara ist Abt Bernard dem Jüngling ans Herz gewachsen. Nur wagt er nicht, es so offen kund zu tun. Mit scheuer Ehrerbietung liebt er den Greis. Oft überrascht Erek den Abt mit Fragen, die erkennen lassen, daß er sich bemüht, sich auch über Letztes Klarheit zu verschaffen.
„Wenn die Seele weiterlebt, ehrwürdiger Vater, im Fegefeuer oder im Himmel, wie die Schrift lehrt, wo kam sie aber her, bevor sie als Mensch geboren wurde?"
„Sie kam von Gott und kehrt zu Gott zurück, mein Sohn."
„Warum schickt sie aber Gott auf die Erde, wo sie doch oft soviel Leid ertragen muß?"
„Luzifer, der schönste unter den Engeln, erhob sich gegen Gott; da verbannte ihn Gott aus dem Himmel, und alle die, die Luzifer

anhangen, müssen sich auf der Erde läutern, um gereinigt zurückzukehren."

Erik sinnt. *„So sind alle Menschen abtrünnige Engel wie Luzifer?"* Der Abt schweigt. Soll er dem Jüngling sein Wissen mitteilen? Dieses Wissen, das ihm in weltentrückten Stunden zuteil wurde, das in der heiligen Schrift nur angedeutet, ihm aber in voller Klarheit leuchtet.

„Du fragst wie die Jünger des Herrn. Es steht geschrieben: Und sie bestürmten ihn mit Fragen."

„Was antwortete der Herr?"

„Ihr seht jetzt die Wahrheit in einem dunklen Wort, doch bald werdet ihr sie schauen von Angesicht zu Angesicht."

„Warum sagte es der Herr seinen Jüngern nicht?"

„Ihr würdet es nicht ertragen können, belehrte sie der Herr."

„Ich finde, ehrwürdiger Vater, die Unwissenheit ist schwerer zu ertragen. Wie oft denke ich darüber nach, und es quält mich. Warum mußte die Mutter von uns gehen, als ich zur Welt kam? Warum durfte sie nicht bei uns bleiben? Was hatte sie getan? Sie war doch eine gute, liebe Seele. Der Vater und Barbara bezeugen es immer wieder. Weil sie einmal Luzifer folgte?"

„Gottes Wege sind unerforschlich, lehrt die heilige Schrift. Halte dich daran, Erek."

Das enttäuschte Gesicht des Wißbegierigen läßt den Abt hinzufügen: *„Selig sind, die reinen Herzens sind, denn sie werden Gott schauen. Halte dein Herz rein, Erek, und bitte Gott um Erkenntnis. Vielleicht erweist er dir die Gnade, die Wahrheit von Angesicht zu Angesicht schauen zu dürfen."*

* * *

In harmonischem Gleichklang fließen die Tage dahin. Im hohen Turmgemach, das er sich von dem Vater erbeten hat, sitzt Erek in einem alten Sessel, in träumerisches Sinnen versunken. Sein Blick schweift durch das Fenster über die Berge der Heimat. Da hört er von unten Pferdegetrappel und Stimmengewirr. Erek fährt auf. Neugierig tritt er an das Fenster und blickt in den Burghof hinab. Eine Anzahl Reiter, teils in schimmernder Rüstung, teils in Lederwämsen, steigen mit Hilfe der Knechte von ihren Pferden. Ein breitschultriger Mann begrüßt gerade den Vater. Erek kann die Worte nicht verstehen, doch an den ungeschickten Verbeugungen des Vaters erkennt er, daß es sich um einen hochgestellten Gast handeln muß. Er hört das Lachen des Fremden, vertraulich schlägt er dem Vater auf die Schulter. Der Gast sagt irgendetwas, jetzt lacht auch der Vater, auch die anderen Männer stimmen ein. Lebhaft gestikulierend und plaudernd verlassen sie den Hof. Die Knechte führen die Pferde fort. Erek geht zur Tür. Er will hinuntergehen. Eine innere Scheu hält ihn zurück. Der Vater wird ihn schon rufen lassen, denkt er sich, und setzt sich wieder in seinen Sessel.

„*Gemütlich habt ihr es hier, Lichtenau*", sagt Markgraf Arnulf in der großen Halle und stapft auf den Kamin zu, in dem ein Feuer lustig brennt und angenehme Wärme verbreitet. Der Markgraf reibt sich die Hände über der Flamme. Der Ritter bittet seine Gäste, es sich bequem zu machen. Für den Markgrafen wird ein großer Armsessel an den Kamin gerückt. Krachend läßt sich der schwere Mann nieder.
„Was treibt ihr, Ritter, auf eurer verwunschenen Burg? Wie könnt ihr es hier aushalten? Stundenlang ritten wir durch die Täler, und selten haben wir ein menschliches Wesen erblickt."
„Es ist die Burg meiner Väter, Markgraf, und ich liebe meine stille Heimat."
„Mir wäre sie zu still. Ich brauche pulsierendes Leben. Des Kai-

sers Majestät hält Hof in Konstanz. Wenn ich das Hofleben mal satt habe, mache ich mich davon und durchstreife das Land. Der Ritter Rotteck", der Markgraf weist auf einen der Gäste, *„erzählte mir, daß ihr hier haust. So kam ich hierher, um einen alten Kampfgefährten wiederzusehen."*

„Ihr ehrt mich, Markgraf. Macht mir die Freude und seid mein Gast, solange es euch bei mir gefällt."

„Das wird nicht lange sein können. Ich muß wieder zurück nach Konstanz."

Durch eine Tür in der Wandtäfelung betritt Muhme Barbara die Halle. Etwas verlegen, mit hochrotem Gesicht, schaut sie zu dem Ritter hinüber.

„Was ist, Barbara?"

„Ein Imbiss ist bereitet, soll ich auftragen lassen?"

„Das ist ein guter Einfall, liebe Frau", lacht der Markgraf, *„ich glaube, wir alle können etwas Gutes vertragen."*

Barbara verschwindet. Zwei Mädchen kommen mit irdenem Geschirr. Ein Knecht schleppt zwei große Zinnkannen mit Wein herein. Auf dem eichenen Tisch, der in seiner Wuchtigkeit die Mitte der Halle ausfüllt, wird die Tafel gedeckt. Wildbret wird aufgetragen. Alle greifen tüchtig zu.

Der schwere Wein löst die Zungen. Eine fröhliche Tafelrunde beginnt. Auch der Ritter von Lichtenau wird lebhafter. Plötzlich erinnert er sich an seinen Jungen. *„Wo ist der Junker"*, fragt er eins der Mädchen. *„Im Turmgemach, Herr. Soll ich ihn holen?" „Ja, ruft ihn. Er soll sich sein Festwams anziehen."*

„Was ist das für ein Junker", fragt der Markgraf.

„Mein Sohn Erek."

„Euer Sohn? Davon weiß ich ja garnichts. Ihr habt mir nie von ihm erzählt."

Der Ritter schweigt.

„Wie alt ist denn euer Sohn?"

„Er zählt zwanzig Lenze, Markgraf. Als er kam, mußte Konstanze gehen." Ein Schatten huscht über Lichtenaus Gesicht. Die Augen blicken ins Leere.
Der Markgraf ist betroffen. Er kannte die schöne Konstanze, und er wußte, wieviel sie dem Ritter bedeutet hatte.
Ein paar Augenblicke geistert Stille durch den weiten Raum. Die Tür öffnet sich, Erek tritt herein. Er verneigt sich gegen die Männer und bleibt stehen. Aller Augen sind auf ihn gerichtet.
Der Markgraf bricht das Schweigen. *„Ist das euer Sohn?"*
„Mein Erek", ein weicher Ton schwingt mit.
„Wenn er ein Mädchen wäre, könnte man glauben, seine Mutter stände vor uns", entfährt es dem Markgrafen.
Lichtenaus Augen strahlen auf. *„Erek sieht Konstanze sehr ähnlich"*, bestätigt er.
„Nun kommt mal her, Junker Erek, und setzt euch zu uns", lädt Markgraf Arnulf ein. Ein Stuhl wird herangerückt. Erek sitzt zwischen dem Vater und seinem hohen Gast. Der Markgraf betrachtet mit sichtlichem Wohlgefallen den Junker. *„Was für ein feiner Kerl ist euer Sohn, Lichtenau. Was soll denn aus ihm werden?"*
„Ein Ritter, wie alle Lichtenaus. Er wird das Erbe seiner Väter übernehmen."
„Scheint er nicht ein wenig zu zart für das rauhe Handwerk eines Ritters?"
„Das wird sich finden. Er ist noch jung, Markgraf."
Still hört Erek zu. Des Vaters Wille ist das Gesetz in seinem Leben, so wird er wohl ein Rittersmann werden.
Da sagt Lichtenau: *„Wäre er nicht mein Einziger, würde ich ihn Abt Bernard anvertrauen und Erek zum Priester weihen lassen."*
„Ach, Priester", wehrt der Markgraf ab, *„Priester, das scheint mir auch nicht das Richtige für den Junker zu sein."*

Der Ritter zuckt mit den Schultern: „*Noch haben wir Zeit. Es wird sich schon ergeben.*"
Wieder ruht der prüfende Blick des Markgrafen auf Erek, da scheint ihm ein Gedanke gekommen: „*Was hieltet ihr davon, wenn ich den Junker mitnähme an des Kaisers Hof? Barbarossas Truchseß, der Graf Verdeck, sucht Edelknaben, die sich als Pagen eignen.*"
Sichtliche Bestürzung malt sich in den Zügen Lichtenaus. „*An des Kaisers Hof*", wiederholt er. Er sieht Erek an, in dessen Gesicht Blässe mit Röte wechselt. Seinen Jungen fortgeben, der ihm der Inhalt seines Lebens ist? Der Ritter schüttelt den Kopf.
„*Bedenkt, Lichtenau, der Hof des Kaisers ist der prächtigste des Abendlandes. Euer Sohn hätte eine glänzende Zukunft vor sich, wenn er sich von seiner guten Seite zeigt, woran ich nicht zweifle. Was könnte er als Ritter bedeuten, als einer von den vielen? Wollt ihr ihm den Weg versperren und ihn zwingen, euer Leben fortzuführen?*"
Darf er Erek zurückhalten um seinetwillen? Aber ist sein Sohn nicht geborgener in seiner Hut als in dem Getriebe der großen Welt, wo er leicht Schaden an Leib und Seele nehmen kann? Erek ist weich, allen Einflüssen zugänglich. In Lichtenau ist ein schweres Ringen.
Markgraf Arnulf unterbricht die eingetretene Stille.
„*Graf Verdeck ist ein vornehmer Mann. Er hat das Vertrauen Barbarossas und genießt hohes Ansehen bei Hofe. Euer Sohn käme in gute Hände, die ihn vor allem Unheil bewahren würden.*"
Noch schweigt Lichtenau, er kann sich zu keinem Entschluß durchringen. Er blickt zu Erek hinüber. Er sieht, wie das Gesicht seines Sohnes in innerer Erregung glüht. Fast körperlich fühlt er, daß Erek seine Zustimmung erhofft. Endlich öffnet er den Mund, schwer kommt es über seine Lippen: „*Gut,*

Markgraf, ich gebe euch meinen Sohn. Behütet ihn mir gut."
„*Vater!*" Ein glücklicher Aufschrei.
Markgraf Arnulf ergreift des Ritters Hand: „*Ich weiß, wie schwer es ist, sein Eigenes lassen zu müssen, Lichtenau. Mein Sohn fiel im Kampf gegen die Sarazenen, sein Leichnam wurde nicht gefunden. Er war ein Ritter mit Leib und Seele. Konnte ich mich ihm in den Weg stellen? Ich mußte ihn ziehen lassen, und er kehrte nicht zurück. Jede Seele hat ihr Schicksal,*" sagt Graf Verdeck, und er hat recht damit. „*Wir Väter können als armselige Menschen nicht unsere Söhne nach unserem Ebenbilde formen. Ihr habt mein Wort, Ritter, ich werde über euren Sohn wachen.*"
Fest erwidert Lichtenau den Händedruck.
„*Laßt uns auf das Wohl des Junkers anstoßen*", froh ruft es der Markgraf. Der Bann ist gebrochen. Bald erfüllt laute Fröhlichkeit die Halle.
Nur Erek bleibt stumm, in sich gekehrt. Jetzt, wo sein innerster Wunsch seit den Tagen Roms erfüllt werden soll, will ein Bangen in ihm aufkommen. Diese stille Heimat verlassen, unter fremden Menschen leben? Aber wollte er es nicht, hat er nicht oft von der großen Welt da draußen geschwärmt, die er nun erleben soll? Seine Hand sucht die des Vaters, mit leisem Druck umschließt er sie.
„*Wir reiten morgen, Ritter*", hört er den Markgrafen sagen. „*Vielleicht kann der Junker uns gleich begleiten. Viel Gepäck wird er nicht brauchen. Der Verdeck wird schon für alles sorgen.*"
„*Sage Barbara Bescheid, Erek, sie soll dir alles richten.*"
Erek erhebt sich. Er verneigt sich vor dem Markgrafen und sagt mit gewinnender Höflichkeit ein paar Dankesworte.
„*Schon gut, Junker, wir werden uns schon vertragen.*"
Als Erek der alten Muhme die Neuigkeit mitteilt, schreit sie laut auf: „*O Gott, das geht doch nicht! Erek, du kannst doch den Vater nicht allein lassen!*" Ein Tränenstrom überflutet das alte

Gesicht. „*Bleib bei uns, Erek*", schluchzt sie fassungslos. Erschüttert steht der Junker vor ihr. Leise streichelt er ihren Arm. „*Ich komme ja wieder, Barbara. Sieh mal, der Truchseß soll ein guter Mann sein, der läßt mich sicher wieder hierher, wenn ich ihn darum bitte.*"

Ganz langsam beruhigt sich die Alte. Sie läßt sich auf einen Schemel nieder und überlegt, was sie dem Junker alles mitgeben müsse.

„*Nur nicht so viel, Barbara. Ich bekomme dort ganz andere Sachen. Denke doch, als Page zwischen all den vornehmen Herren und schönen Frauen.*"

„*Auch das noch, schöne Frauen —*", kopfschüttelnd wackelt die Alte davon.

* * *

Es ist Nacht. Der Mond wirft sein unwirkliches Licht über die stille Bergwelt. Erek wälzt sich auf seinem Lager hin und her. Vergeblich versucht er zu schlafen. Immer wieder kommen Gedanken und nehmen ihm die Ruhe. Erek erhebt sich. Er sitzt auf seiner Bettstatt. In ihm wogen die Empfindungen. Soll er die Geborgenheit aufgeben? Was wird ihn in Konstanz, am Hofe des Kaisers, erwarten? Er weiß nicht, was er tun soll. Tiefe Unschlüssigkeit quält ihn. Er steht auf, geht unruhig auf und ab. Er öffnet das Fenster. Eine Weile bannt ihn der Blick in die schweigende Welt seiner Heimat, dann läßt ihn die Kühle der Nacht erschauern, er schließt das Fenster. Da fällt sein Blick auf den Gekreuzigten. Wie einsam war auch Christus in jener Nacht im Garten von Gethsemane. Alle, die er liebte und denen er vertraute, schliefen. Niemand stand ihm bei in seinen schwersten Stunden. Der Herr hat gebetet, lange gebetet, bis er das erlösende Wort fand: Vater, dein Wil-

le geschehe. — Ich werde den Herrn anrufen. Er möge mich wissen lassen, was ich tun soll.
Erek kniet nieder auf dem alten hölzernen Betschemel. Seine Lippen formen Worte, alle Qual seines jungen Herzens bricht aus ihm heraus.
„Herr, hilf mir. Laß mich den rechten Weg finden."
Keine Antwort erfolgt. Immer inbrünstiger betet der Junker. *„Herr, ich rufe dich! Herr erhöre mich!"* Das blasse Gesicht zuckt von innerer Erregung, dann stößt Erek hervor: *„Herr, dein Wille geschehe, was auch kommen mag."* Da überkommt ihn eine große Stille. Sie ist in ihm und um ihn. Er fühlt sich entrückt. In dem Gemach ist ein Fluten hellen Lichtes. Atemlos starrt er in die Helle. Eine wunderschöne Gestalt steht plötzlich da — eine Frau. Sie gleitet auf ihn zu. Ihre Augen strahlen Güte. Eine ferne zarte Stimme: *„Erek, mein Erek. Bange nicht. Solange dein Herz glaubt, wird dir nichts Übles geschehen, werde ich immer um dich sein."*
„Mutter, liebe, liebe Mutter", stammelt der Verzückte. Eine helle Hand leuchtet auf. Erek fühlt ein leichtes Wehen über seinem Haupte. Er ist unsagbar glücklich. *„Mutter, nimm mich mit."*
Das schöne Gesicht lächelt: *„Ich hole dich, wenn deine Stunde gekommen."* Ein letztes Lächeln. Die Gestalt verschwindet. Die Helle verblaßt. Still liegt das Gemach im fahlen Lichte des Mondes. Regungslos kniet Erek. Leise öffnet sich die Tür. Der Vater tritt ein. Durch das Geräusch erschreckt, wendet Erek den Kopf.
„Du schläfst noch nicht mein Junge?" „Ich habe die Mutter gesehen", fast tonlos ist Ereks Stimme, *„sie will mich immer beschützen." „Erek"*. Der Ritter umfängt seinen Sohn, er drückt ihn an sich.
Lange schweigen sie miteinander. Kein Wort stört die stille

Stunde, in der ihre beiden Seelen Abschied nehmen.
„Jetzt mußt du schlafen", leise löst sich der Vater.
„Laß uns morgen zum Kloster reiten", bittet der Junker. Gewährend nickt der Vater. Die Tür fällt hinter ihm ins Schloß.

* * *

Als der Morgen graut, klappern Pferdehufe über die Zugbrükke. Noch liegt der Reif auf den Wiesen, die Berge schimmern in ihrer Schneehülle. Schweigend reiten Vater und Sohn nebeneinander. Vor dem Kloster angelangt, rühren sie den Klöpfer. Der Pförtner öffnet ihnen. Sei steigen von den Pferden und betreten den Klosterhof.
Überraschung malt sich in den Zügen des alten Abtes: *„Erek an des Kaisers Hof."*
„Es ist mir nicht leicht gefallen, ehrwürdiger Vater, den Jungen fortzugeben. So komme ich mit ihm, euren Segen zu erbitten."
„Wir wollen den Herrn bitten. Kommt mit zur Frühmesse."
Der Abt winkt einem Mönch, der die Gäste in die Kapelle führt. In feierlichem Zuge kommen die Mönche und füllen den Raum, der von den ersten Strahlen der aufgehenden Sonne erhellt wird. In vollem Ornat betritt Abt Bernard die Kapelle. Das Hochamt beginnt. Das Kyrie eleison klingt auf.
Erek kniet mit geschlossenen Augen. Er ist völlig hingegeben an die heilige Handlung. Wie von fern hört er den Wechselgesang. Der Abt vollzieht die Wandlung. In der lautlosen Stille fleht inbrünstig der junge Mensch: *„Herr, hilf mir. Erhalte mir deine Gnade."* Gemeinsam mit dem Vater empfängt er die heilige Kommunion. Als ihm der Abt die Hostie reicht, ist es ihm, als treffe ihn ein starker Lichtstrahl, der ihn so stark erbeben läßt, daß er Mühe hat, sich zu halten. Unwillkürlich klam-

mert er sich an die Kommunionbank. Wie benommen erhebt er sich und geht mit unsicheren Schritten auf seinen Platz zurück. Noch bebt er am ganzen Körper, doch in ihm ist das Gefühl unsagbaren Friedens. Wie in der Nacht, als die Mutter ihm erschien, geht es Erek durch den Kopf. Der Herr hat mich gesegnet, nun wird alles gut werden.

Verwundert blickt der Vater auf seinen Sohn. Wie leuchten Ereks Augen in dem blassen Gesicht. Ein glückliches Lächeln verklärt es. Der Abt naht. Auch er erkennt das Entrücktsein des Jünglings. Als Erek niederknien will, zieht er ihn an sich: *„Gehe hin in Frieden, mein Sohn, und vergiß niemals Christus, deinen Herrn."* Noch ein letzter Gang zum Grab der Mutter. Wieder fühlt der Junker, wie ein leichter Hauch ihn umweht. Hand in Hand verlassen Vater und Sohn den Klostergarten. Ein kurzer, herzlicher Abschied von dem Abt, und die Pferde tragen sie wieder zur Burg zurück.

* * *

Markgraf Arnulf und sein Gefolge sitzen schon an der Frühstückstafel. Laute Fröhlichkeit empfängt die beiden. Erek empfindet den Kontrast so stark, daß er kein Wort herausbringen kann. *„Was hat der Junker? Er sieht so bleich und übernächtigt aus"*, ruft der Markgraf, *„er kann es wohl kaum erwarten, in die große Welt zu kommen."*

„Er nahm Abschied von Abt Bernard, seinem Lehrer", antwortet der Ritter, *„und vom Grab seiner Mutter."*

Etwas verlegen zwirbelt der Markgraf an seinem Bart. Ihm kommen Bedenken. Handelt er richtig, diesen empfindsamen Jungen hier wegzunehmen? Ach, der Verdeck wird ihn schon ummodeln, beruhigt er sich. Der Truchseß ist auch so ein Stiller. Man weiß nie, was in ihm vorgeht. Er ist immer so

verhalten und — so überlegen. Selbst der Kaiser mäßigt seine Stimme, wenn er mit dem Verdeck spricht.
„Nun greift tüchtig zu, Junker. Ihr werdet es nötig haben, wir haben einen scharfen Ritt vor uns." Die Pokale kreisen. Langsam findet sich Erek zurecht.
Mit Gelächter und viel Geräusch vollzieht sich der Aufbruch. Muhme Barbara zerfließt in Tränen. Immer wieder schlägt sie das Kreuz über ihren Liebling. Der Ritter zieht seinen Sohn still an sich, dann besteigt Erek sein Roß. Letztes Händeschütteln. Zurufe hin und her. Die Kavalkade verläßt den Burghof. Erek reitet einem unbekannten Schicksal entgegen.
Markgraf Arnulf befiehlt den Junker an seine Seite. Er stellt einige Fragen und ist verblüfft über die wohlgesetzten Antworten. *„Woher habt Ihr das alles?"*
„Der Abt Bernard lehrte es mich."
„Das muß ein sehr kluger Mann sein."
Unbefangen erzählt Erek von seinem verehrten Lehrer.
„Ihr habt wohl den Abt sehr lieb? Tut es euch nicht leid, ihn verlassen zu haben?"
„Ja, es schmerzt mich", gesteht Erek, *„aber ich kann ihn ja immer wiedersehen."*
„Graf Verdeck wird sich freuen, einen so gescheiten Pagen zu bekommen. Versucht, sein Wohlwollen zu erringen. Er ist ein mächtiger Herr, mächtiger als viele glauben. Er ist auch sehr klug. Er hält sich sehr zurück. Er ist der Schatten hinter dem Throne Barbarossas."

* * *

Am Abend des zweiten Tages wird Konstanz erreicht. Im Quartier des Markgrafen wird Erek eine Kammer zugewiesen. Am nächsten Vormittag führt Markgraf Arnulf den Junker

dem Grafen Verdeck zu.
Es ist ein großes Haus, das der Truchseß bewohnt. Reisige halten Wache, sie salutieren mit ihren Hellebarden, als der Markgraf mit Erek und zwei Rittern das eisenbeschlagene Tor passiert. In der geräumigen Halle wimmelt es wie in einem Bienenschwarm. Ritter, Patrizier, Kämmerer, Räte sitzen oder stehen in Gruppen herum. Bedienstete laufen hin und her. Der Markgraf winkt einen heran: *„Meldet mich dem Truchseß."*
Nach wenigen Minuten erscheint ein Kämmerer: *„Der Herr Truchseß lassen bitten."* Der Markgraf geht voran, etwas benommen folgt Erek. Jetzt wird es sich entscheiden.
Sie betreten ein weites Gemach. Hinter einem großen Tisch, der mit allerlei Pergamenten bedeckt ist, erhebt sich aus einem Sessel ein hochgewachsener, schlanker Fünfziger; ein scharf geschnittenes Gesicht, aus dem zwei große Augen still und erwartungsvoll den Eintretenden entgegenblicken. Ein freundliches Lächeln überfliegt das Gesicht, mit ausgestreckter Hand geht der Truchseß auf den Markgrafen zu. Nach kurzer freundschaftlicher Begrüßung bleibt der Blick Graf Verdecks auf Erek haften.
„Wen bringt Ihr mir da, Markgraf?"
„Den Junker Erek von Lichtenau. Er ist der Sohn eines alten Waffengefährten, den ich besuchte. Der Junge hat ein gutes Aussehen, ist auch nicht dumm, und so dachte ich, Ihr müßtet ihn euch einmal anschauen. Vielleicht könnt ihr ihn als Pagen gebrauchen."
„Wir werden mal sehen — und hören, ob sich der Junker für uns eignet." Prüfend gleitet der Blick des Truchseß über Erek.
„Erzählt mir einmal, was ihr könnt?"
Zuerst stockend, dann immer sicherer, berichtet der Jüngling.
„So — schreiben könnt ihr auch. Das ist gut."

Graf Verdeck fragt nach diesem und jenem. Nach kurzem Überlegen erfolgen richtige Antworten.
Der Truchseß schweigt. Er lehnt sich an den Tisch, in dessen Sessel sich der Markgraf niedergelassen hat, um der Prüfung zuzuschauen.
Forschend ruht der stille Blick Verdecks auf Erek, der ihn ohne Befangenheit erträgt.
Irgendwie kommt ihm der Truchseß bekannt vor. Sicher irgendeine Ähnlichkeit. Welch ein vornehmer Mann. Er erinnert an Abt Bernard, und ein Gefühl der Sympathie steigt in dem Junker hoch.
Der Blick des Grafen löst sich von Erek. Verdeck wendet den Kopf und nickt dem Markgrafen zu: *„Der Junker gefällt mir. Ich werde ihn hierbehalten. Als Page scheint er mir zu schade. Ich werde ihn in meinen Dienst nehmen, wenn er will."* Er sieht Erek an. Höflich verneigt sich der Junker: *„Ich würde euch gern dienen, Herr Truchseß."*
„Das ist ein Wort, Junker von Lichtenau. Gebt mir eure Hand, aber glaubt nicht, daß ich es euch leicht mache."
Graf Verdeck berührt einen Gong. Dem eintretenden Diener befiehlt er: *„Führt den Junker zum Kämmerer von Werdenfels. Er soll ihn gut unterbringen. Der Junker erhält einen Platz an meiner Tafel."* Erek ist entlassen, er folgt dem Diener.
„Ich danke euch, Markgraf. Es ist nicht leicht für mich, Edelknaben zu finden, die meinen Ansprüchen genügen."
„Ich weiß das, Truchseß, aber ich glaube, wir haben einen guten Griff getan. Zudem sind die Lichtenaus ein altes Geschlecht ohne jeden Tadel. Seine Mutter war eine wunderschöne Frau und der Vater ist eine ehrliche Seele, so muß man annehmen, daß der Sohn ein guter Kerl ist."
„Er scheint nicht nur gut zu sein, er ist seinem Alter voraus. Es ist etwas Besonderes an ihm. Er hat so eigenartige Augen", nach-

denklich sagt es der Truchseß.
„Es freut mich jedenfalls, daß der Junker euch gefällt. Nur habe ich eine Bitte. Ich habe dem Vater versprochen, über seinen Sohn zu wachen. Es ist sein Einziger."
„Grüßt den Ritter von Lichtenau von mir und laßt ihm sagen, der Truchseß Graf zu Verdeck verpfändet sein Wort. Ich werde den Junker halten wie meinen eigenen Sohn."
Ein fester Händedruck der beiden Männer besiegelt das Versprechen.

Der Kämmerer von Werdenfels mustert kühl den Neuankömmling. *„Kommt mit"*, sagt er kurz. Von Werdenfels geführt, betritt Erek das Gemach, das ihm der Kämmerer zuweist. Fast erinnert es ihn an das Zimmer seines Vaters auf der alten Burg. Es ist nur prächtiger. Es hat Brokatvorhänge, die man vor die Fenster ziehen kann, so daß das Gemach auch am hellen Tage ganz dämmerig ist, wenn man es will. Der Kämmerer läßt Erek allein. Neugierig geht er hin und her. Sein Wunsch ist nun erfüllt worden, er ist am Hofe des Kaisers. Doch irgendwo in seiner Brust tut etwas weh. Er hat Heimweh. Spöttisch lächelt er über sich selbst. Er reißt die Vorhänge auseinander. Vor ihm liegt der blinkende See. Erek lehnt sich weit hinaus und zieht die Luft in sich ein. Es klopft an der Tür. Zwei Bedienstete bringen seine Sachen. *„Der Herr Kämmerer läßt euch sagen, Herr Junker, daß ihr euch ausruhen möget. Das Mahl wird euch gebracht werden. Morgen zur Frühstückstafel werdet ihr geholt."*
Erek dankt und richtet sich ein. Eine reichgeschnitzte Truhe nimmt seine Sachen auf. Nach dem einsamen Mahl legt er sich hin. Heute ist noch der Friede um ihn, heute ist er noch in seiner Welt. Morgen wird seine Welt eine andere sein. Eine Welt in Glanz, eine Welt der Großen und Reichen. Nach die-

ser sehnt er sich. Dort wollte er hin, wo sich das Rad der Weltgeschichte dreht. Der Junker schläft hinein in seine große Welt.

* * *

An der Frühstückstafel sitzt Erek am untersten Ende. Um ihn herum junge Ritter und einige Edelknaben. Es wird wenig gesprochen. Der Truchseß liebt keine lauten Unterhaltungen. In sich gekehrt, sitzt er zurückgelehnt in seinem Armsessel. Wenige Worte zum Kämmerer von Werdenfels, der dienstbeflissen antwortet. Graf Verdeck erhebt sich: *„In einer halben Stunde reiten wir, Werdenfels. Der Junker Lichtenau soll uns begleiten."* Erek verneigt sich.

Es geht zum Stadttor hinaus. am See entlang. Graf Verdeck ist ein verwegener Reiter, alle Hindernisse werden im Sprung genommen. Erek ist etwas zurückgeblieben, er genießt die Schönheit des jungen Tages. Aus dem naheliegenden Walde tönt Hörnerschall herüber. Nach einer Weile bricht eine Anzahl Reiter aus dem Wald hervor. Jägerburschen schleppen, an Stangen gebunden, einen Hirsch und einen Eber hinterher. An der Spitze der Schar reitet eine hohe Gestalt im Lederwams, ein rötlicher Bart flattert im Winde.

„Des Kaisers Majestät", murmelt Graf Verdeck. Er hält an und steigt vom Pferde. Barbarossa ist herangekommen. *„Guten Morgen, Verdeck, wir haben schon den frühen Tag genutzt." „Ihr machtet gute Beute, kaiserliche Majestät. Der Küchenmeister wird sich freuen."* Über des Kaisers Gesicht fliegt jähe Röte, irgendwie wurmt ihn die Antwort. *„Meinem erlauchten Truchseß würde es sicher nicht einfallen, für unsere Tafel zu sorgen."* Graf Verdeck lächelt, er verneigt sich betont. *„Halten zu Gnaden, kaiserliche Majestät, es ist nicht mein Amt, das Wild zu ja-*

gen. Nicht jeder ist ein Nimrod." „Wir können uns euch auch nicht als Jägersmann vorstellen", lacht der Kaiser. Gelassen die Antwort: *„Jeder hat seine Talente, kaiserliche Majestät." „Steigt auf und begleitet uns in die Stadt."*

Scheu blickt Erek zum Kaiser hinüber. Die Natürlichkeit der Majestät nimmt ihn gefangen, gleichzeitig löst die fast kameradschaftliche Haltung des Truchseß seine Verwunderung aus.

Graf Verdeck reitet an der Seite des Kaisers.

„Der Rat unserer lieben Stadt Konstanz will uns ein Fest geben. Ihr veranlaßt wohl alles Nötige. Sorgt für Komödianten, Verdeck, damit wir lachen können. So feierliche Feste sind sonst verdammt langweilig."

„Es wird alles nach euren Wünschen geschehen, kaiserliche Majestät."

„Das ist eben euer Talent, Verdeck."

„Nein, kaiserliche Majestät, das ist mein Amt."

„Und was sind eure Talente?"

„Euer kaiserlichen Majestät zu dienen."

„Warum Phrasen, Verdeck?"

„Gut denn. Ein Truchseß muß viele zufrieden stellen. Alle Großen und Kleinen nach eurer kaiserlichen Majestät haben ebensoviele Wünsche, die berücksichtigt werden müssen. Es wäre falsch, irgendjemand zu kränken, weil man nie wissen kann, wie man die Leute gebraucht."

„Ich bin wohl manchmal ein bißchen derb, Verdeck? Gebt es ruhig zu. Mir liegt es nicht, jedes Wort zu wägen."

„Alle Welt liebt nur eure kaiserliche Majestät."

„Na, na, Verdeck, ich habe schlechte Erfahrungen machen müssen."

„Es gibt immer Ehrgeizige, die sich überschätzen. Erweiset ihnen eure kaiserliche Huld, und zieht sie an euren Hof. Es ist immer

besser, seine Feinde in der Nähe zu haben."

„Nicht schlecht, Verdeck, aber uns liegt es nicht, die Schlange am Busen zu nähren und zu beschwören."

„Ich bin kein Magier. Ich sage, was ich denke."

„Nicht alle Menschen vertragen ein ehrliches Wort."

„Man muß mich schon so nehmen, wie ich bin. Schließlich bin ich der Kaiser."

„Bedenkt, daß eines Kaisers Wort schwerer wiegt als alle anderen."

„Ihr schulmeistert schon wieder, Verdeck."

„Nichts liegt mir ferner. Es ist gar nicht so schwer, wie es scheint, sich auf die anderen einzustellen. So gewinnt man sie als Freunde."

„Macht ihr das, Verdeck. Ihr könnt das besser als ich. Ich kann schweigen und warten, wenn es nötig ist, verstellen kann ich mich nicht."

„Es ist keine Verstellung, nur ein Eingehen auf ihr Bewußtsein."

Der Kaiser schweigt. Nach einer Weile sagt der Truchseß:

„Der Herzog Heinrich ist gestern eingetroffen."

„Wir sehen ihn heute bei uns. Er hat wieder dumme Streiche gemacht. Man liegt mir in den Ohren. Aber er gefällt mir, dieser Vetter Heinrich. Er muß nur manchmal zur Ordnung gerufen werden."

„Gelingt es euch, einen Löwen zu bändigen?"

„So gut, wie ihr Schlangen beschwört. Ihr liebt den Löwen nicht, Verdeck. Versucht doch mal an ihm eure Beschwörungskünste."

„Gebändigte Löwen bleiben Löwen, wie beschworene Schlangen eben Schlangen bleiben. Man muß immer auf seiner Hut sein, es wäre falsch, ihnen zu vertrauen."

„Das soll eine Warnung sein, Verdeck." Des Kaisers Stimme klingt erregt. *„Mein Vetter ist ein Mann in meinem Sinne. Er ist ein harter Kämpfer und führt ein gutes Schwert."*

„Eben darum. Er kann auch schweigen und warten, bis seine Stunde kommt. Er ist ein Mann in eurem Sinne, mehr, als es für euch gut ist, scheint mir."
Barbarossa will auffahren, doch bezwingt er sich. Er blickt zur Seite, seinem Truchseß in das scharfe Gesicht. Zwei Augen brennen ihm in mahnender Güte entgegen. Impulsiv schlägt er dem Grafen auf die Schulter: *„Ihr seid doch ein guter Freund. Ich werde wachsam sein, Verdeck."*
Schweigend reiten sie in Konstanz ein.
Vor dem hohen Hause verabschiedet sich der Truchseß von seinem Herrn.

In seinem Quartier erwarten Graf Verdeck die Räte, die ihm Vortrag halten und seine Entscheidungen erbitten. Aufmerksam hört der Truchseß zu. Sorgfältig erwägt er das Für und Wider und gibt seine Anordnungen. Dem Truchseß des Kaisers untersteht nicht nur das Hoflager, es obliegt ihm ebenso die Verwaltung des kaiserlichen Hausbesitzes. Plötzlich unterbricht der Graf:
„Den Junker Lichtenau."
Als Erek erscheint, sagt der Truchseß kurz: *„Setzt euch und hört zu."* Staunend erlebt Erek die Vielseitigkeit der Geschäfte, die der Truchseß leitet.
„Genug für heute, meine Herren."
Die Räte verlassen das Gemach. Erek will sich ihnen anschließen. *„Ihr bleibt hier. Ich wollte euch einmal einen Einblick in unsere Arbeit geben. Da ihr schreiben könnt und das Lateinische gut beherrscht, werdet ihr den Sekretären eingereiht."*
Erek verneigt sich stumm.
„Hin und wieder werde ich euch als Pagen gebrauchen müssen, und dies sogar bald. Die Stadt gibt den kaiserlichen Majestäten ein Fest. Dazu brauche ich junge Edelleute, die sich mit Anstand

benehmen können. Der Kämmerer Werdenfels wird euch unterweisen."
Verdeck beobachtet Erek. Der Junker scheint bedrückt.
„Habt ihr etwas auf dem Herzen, so sprecht", freundlicher ist der Ton.
„Ich fürchte, ich werde euch nicht genügen. Niemals war ich auf einem großen Fest."
„Keine Angst, Junker. Auch die Großen dieser Erde sind Menschen. Gewöhnt euch daran, den Menschen zu sehen und nicht seinen Rang. Je mehr sich einer aufbläht, umso kleiner ist sein Menschentum. Das merkt euch, und danach verhaltet euch. Ihr seid nicht besser, aber auch nicht schlechter als alle diese Fürsten und Bischöfe. Ich nehme an dem Fest teil und werde nötigenfalls eingreifen. Ihr sollt den Herzog Heinrich bedienen. Er ist eine robuste Natur und liebt uns Hofleute nicht. Seid recht höflich. Der Vetter des Kaisers darf nicht verstimmt werden. Haltet euch an Werdenfels. Er ist ein gewandter Hofmann, ihr könnt von ihm vieles lernen."

* * *

Ereks Leben vollzieht sich jetzt nach einer streng geregelten Tageseinteilung. Vor- und nachmittags malt er mit anderen jungen Leuten, in einem großen Saal unter Aufsicht eines Rates, verschnörkelte Schriftzeichen auf Pergamente. Nach der Abendtafel unterweist ihn der Kämmerer: Zeremoniell, höfische Umgangsformen, Pagenpflichten, Kleiderfragen und ähnliches. Müde sinkt Erek fast allabendlich auf sein Bett. Was für ein Leben! Er hatte es sich so ganz anders vorgestellt. Er kommt sich vor wie ein gefangener Vogel. Oft, wenn die Sonne durch die offenen Fenster des Schreibgemaches lockt, drängt es ihn hinaus. Das Heimweh brennt in ihm auf und

quält ihn. Wie schön war es in der Heimat. Niemand nimmt Anteil an ihm. Den Truchseß sieht er nur bei den Mahlzeiten. Der Kämmerer Werdenfels ist kühl und von oben herab. Er gilt als Streber. Niemand mag ihn, aber alle fürchten seinen Einfluß bei dem Truchseß, der ihn offensichtlich bevorzugt. Die anderen jungen Leute sind Bürgersöhne, sie halten den stillen Junker für hochmütig und meiden ihn. Noch nie ist sich Erek so einsam und verlassen vorgekommen. Verbissen stürzt er sich in seine Arbeit. Nur abends, wenn er allein ist, versinkt er in seine Traumwelt, die ihm allerlei schöne Bilder vorgaukelt. Er magert ab. Das feine Gesicht wird immer blasser, fast durchscheinend, so daß es eines Tages dem Truchseß auffällt: „*Was hat der Junker Lichtenau? Er sieht so schlecht aus, Werdenfels.*"
Der Kämmerer dienert: „*Sicher Heimweh, euer Gnaden.*"
„*Ihr bringt ihn mir heute abend, nach der Tafel.*"
Erek ist betroffen, als ihm Werdenfels den Befehl übermittelt.
„*Habe ich etwas falsch gemacht, Herr Kämmerer?*"
„*Das weiß ich nicht. Haltet euch nach dem Nachtmahl bereit. Ich lasse euch holen.*"
Mit gemischten Gefühlen folgt Erek dem Diener zu den Gemächern des Truchseß. Werdenfels nimmt ihn in Empfang. Gemeinsam betreten sie ein hohes Gemach. Mildes Licht vieler Kerzen an den Wänden und auf einem Tisch spiegelt sich in silbernen Schüsseln und Pokalen, die teils an den Wänden angebracht sind, teils auf geschnitzten Truhen stehen. Weiche Teppiche lassen den Fuß versinken, ebenso kostbare hängen an den Wänden. Ein würziger Duft erfüllt den Raum. Erek steht gebannt. Wie ein Märchen kommt ihm das alles vor. Hochmütig lächelt Werdenfels. „*Verneigt euch*", raunt er Erek zu. Mechanisch vollzieht es der Junker. Da hört er die Stimme des Truchseß: „*Tretet näher, Junker*", und zu Werden-

fels gewandt: *„Laßt uns allein."* Mit einem bösen Seitenblick auf Erek zieht sich der Kämmerer devot zurück. Ihm wurde noch niemals die Ehre zuteil, in Verdecks Privatgemach empfangen zu werden. Der Truchseß sitzt am Kamin. Er weist Erek mit einer Handbewegung an, ihm gegenüber Platz zu nehmen. Ein Diener erscheint, er füllt die Pokale, die auf einem kleinen Tische greifbar stehen.

„Ihr trinkt doch Wein, Junker?"

„Ich habe wenig Gelegenheit gehabt, Herr Truchseß."

„Trinken wir, Junker, auf euer Wohl!"

Höflich dankt Erek. Er trinkt mit langen Zügen. Eine wohlige Wärme durchflutet ihn. Der Diener füllt wieder die Pokale.

„Geht, wir werden uns selbst bedienen."

„Wie gefällt es euch bei uns, Junker?" Gütig fragt es der Truchseß. Erek verschlägt diese Freundlichkeit die Stimme. Er kennt den Grafen nur als den Unnahbaren, der ihn kaum beachtet.

„Sehr gut, Herr Truchseß", bringt er höflich hervor.

„Wirklich, Junker? Sprecht ihr die Wahrheit?"

Erek schweigt. *„Ihr habt euch gut eingearbeitet, wurde mir berichtet."*

„Ich gebe mir alle Mühe, Herr Truchseß."

„Aber ihr seid nicht zufrieden?" „Doch, doch, Herr Truchseß, nur muß ich mich erst gewöhnen."

„Ihr habt Heimweh, Junker?"

Erek sagt leise: *„Ich bin so einsam hier."*

„Wir sind alle einsam in dieser Welt. Einsamkeit kann ein großes Glück bedeuten, wenn wir Glauben haben."

„Ich glaube, Herr Truchseß."

„Nur im Glauben beharrend, können wir in dieser Welt bestehen." „Ich weiß das, Herr Truchseß, nur scheint mir diese Welt voller Wunder."

„Die Wunder dieser Welt sind trügerischer Schein." Ein herber Zug zeichnet sich im Gesicht des Grafen.
„Das mag sein, aber ich weiß es nicht."
„Ihr könnt es noch nicht wissen, darum will ich euer Lehrer sein. Wollt ihr mir vertrauen?"
„Das wäre eine sehr hohe Ehre."
„Lassen wir das. Ich versprach dem Markgrafen Arnulf, euch wie meinen Sohn zu halten. Zwar mußte ich euch erst prüfen, doch ihr habt die Prüfung bestanden. Ihr werdet von jetzt ab in meine persönlichen Dienste eintreten, mich überall begleiten, wie es mein Amt fordert."
„Das wäre sehr schön, Herr Truchseß."
„Ich werde euch auch mein Wissen vermitteln und euch die Welt so sehen lassen, wie sie tatsächlich ist. Wenn ihr glaubt, so wißt ihr, daß sich hinter dieser Welt noch eine andere, schönere befindet."
„Ich weiß das."
Ungläubig lächelt der Truchseß: *„Ihr glaubt es, aber wissen könnt ihr es nicht."*
„Doch, ich weiß es", beharrt Erek. Erst stockend, dann immer gelöster, erzählt er von der Erscheinung der Mutter.
„Kam sie öfter zu euch?"
„Gesehen habe ich sie nicht mehr, aber manchmal fühle ich dieses weiche Wehen um mich."
„Das ist eine große Gnade, die wenigen zuteil wird. Wißt ihr das, Junker?"
„Ich habe noch nicht darüber nachgedacht. Ich bin nur immer sehr glücklich, wenn ich das Wehen verspüre."
„Ihr werdet nicht mehr einsam sein. Ich werde euch Vater und Freund sein, wie ich es versprach."
Der Truchseß geleitet Erek zur Tür und entläßt ihn mit herzlichem Händedruck.

Zur allgemeinen Verwunderung sitzt Erek bei der Frühstückstafel zur Rechten des Truchseß. Er wird der unzertrennliche Begleiter des Grafen, der ihm bei jeder Gelegenheit sein Wohlwollen bezeugt. Nur mit großer Mühe verbirgt der Kämmerer Werdenfels seine feindselige Stimmung.
„*Werdenfels ist ein ehrgeiziger Streber, Erek, aber ich brauche ihn. Er ist ebenso gewandt wie skrupellos. Sein Ehrgeiz blendet ihn, das macht ihn ungefährlich*", urteilt Graf Verdeck.
Das Fest der Stadt Konstanz naht.

Innerlich unsicher, steht Erek von Lichtenau inmitten anderer Pagen am Festabend im hohen Ratssaale. Der Kämmerer von Werdenfels weist ihnen die Stühle an, hinter denen sie Aufstellung nehmen. Auf einem Teil der umlaufenden Galerie stimmen die Fanfarenbläser, die Stadtpfeifer und Trommler ihre Instrumente. Der Truchseß mit einigen Kämmerern und Ratsherren der Stadt betritt den Saal. Prüfend überfliegt sein Blick die festlich geschmückte Hufeisentafel, wandert zur Galerie, die sich schon mit Ratsherren sowie Angehörigen der Patrizierfamilien füllt. Ein Wink. Der schwere Vorhang wird beiseite geschoben, breite Türflügel öffnen sich, den Blick in die Vorhalle freigebend. Der Stadtkämmerer stößt mit seinem Stabe auf, bittet mit tiefer Verbeugung die versammelten Gäste, ihre Plätze einzunehmen. Herein treten die Vornehmen des Reiches mit ihren Damen. Edelsteine funkeln, Brokat und schwere Seide rauschen. Von den Kämmerern werden sie zu ihren Stühlen geleitet. Graf Verdeck wechselt mit einzelnen ein paar freundliche Worte. Als einer der letzten erscheint Herzog Heinrich. Im Brokatwams, die Hände mit schweren Goldringen beladen, das volle Gesicht gerötet, bietet der Löwe mit seiner mächtigen Gestalt ein Bild urwüchsiger Kraft.

„Ah, der Herr Truchseß und edle Graf", höhnisch grinst der Welfe. Graf Verdeck quittiert mit einer knappen Verbeugung. *„Darf ich euch, Herr Herzog, zu eurem Stuhle geleiten."* Ohne eine Antwort abzuwarten, geht der Truchseß voran. *„Anmaßendes Gelichter"*, knurrt der Löwe, als er langsam folgt.
Mit einer Handbewegung weist Graf Verdeck auf den Stuhl, den Erek diensteifrig zurechtrückt.
„Was habt ihr denn da für ein Milchgesicht? Sieht ja aus wie ein Mädchen." Eine fleischige Hand faßt Ereks Kinn und zieht ihn näher. *„Wie heißt du, dich sah ich noch nicht?"*
„Erek von Lichtenau, Herr Herzog."
„Und du willst ein Ritter sein", dröhnend lacht der Welfe.
Er läßt Ereks Kinn los und schlägt ihm wuchtig auf die Schulter. Lichtenau zuckt zusammen, er ist totenblaß geworden.
„Der Junker ist aus altem, vornehmen Geschlecht, älter als das eure, Herr Herzog", schneidend ist der Ton des Grafen.
Der Löwe fährt herum, blutrot das Gesicht, er will heftig erwidern, da schmettern die Fanfaren.
Geführt von dem Bürgermeister der freien Reichsstadt betreten die kaiserlichen Majestäten den Saal. Friedrich Barbarossa führt seine Gemahlin Beatrix, aus dem Königshause Burgund, an der Hand.
Mit der ihm eigenen natürlichen Liebenswürdigkeit grüßt der Kaiser nach allen Seiten. Am Kopfende der Tafel finden die Majestäten ihre Plätze. Der Truchseß tritt neben den Mundschenk hinter den Thronsessel des Kaisers. Barbarossa blickt sich um. Sich zurücklehnend, fragt er: *„Verdeck, was hat der Welfe, er schaut so wütend drein?"* *„Bei einem Löwen kann man das nie genau wissen, kaiserliche Majestät, vielleicht hat ihn ein Insekt gestochen."* Der Kaiser lacht: *„Ihr seid doch ein unverbesserlicher Spötter."* Ernst werdend, fügt er hinzu: *„Ärgert mir den Vetter Heinrich nicht."* Wieder ertönen die Fanfaren. Der

Bürgermeister hält eine wohlgesetzte Rede. Er leert den Pokal auf das Wohl des kaiserlichen Paares. Barbarossa dankt mit freundlichen Worten.
Mächtige Platten werden hereingetragen, ganze Wildschweine, Truthähne und anderes Wild, ausgeschmückt mit Trüffeln und vielfältigen Verzierungen. Eine Schmauserei hebt an, wie sie Erek noch nicht erlebte. Er hat aber keine Zeit, sich darüber zu wundern.
„Träume nicht, Milchgesicht, willst du mich verdursten lassen?"
Barsch fährt ihn Herzog Heinrich an und weist auf seinen Pokal. Der Junker beeilt sich, ihn zu füllen. Mit bösem Seitenblick auf den Truchseß brummt der Löwe: *„Geleckte Affen, ich würde euch schon Beine machen."*
Gaukler treten auf. Ihre derben Späße wecken schallendes Gelächter. Mit grotesken Sprüngen wirbeln sie hin und her, überschlagen sich in vielen Purzelbäumen, geraten in Streit, Schimpfkanonaden enden in wilder Balgerei. Erek ist maßlos ernüchtert. So ganz anders hat er sich ein kaiserliches Bankett vorgestellt. Stunden um Stunden vergehen. Erek kämpft mit lähmender Müdigkeit, doch beherrscht er sich. Endlich künden die Fanfaren den Fortgang des Herrscherpaares. Die Gäste folgen. Brüsk stößt der Welfe den Stuhl zurück und entfernt sich. Wie zerschlagen schleppt sich Erek heim.

Bei der Frühstückstafel wird das Fest besprochen. Bleich und übernächtigt sitzt der Junker an der Seite des Grafen.
„Wie hat es euch gefallen, junger Freund?"
Erek gibt seiner Enttäuschung Ausdruck. Schmunzelnd hört der Truchseß zu: *„Ihr seht die Welt, wie ihr sie euch wünscht, aber nicht, wie sie ist. Nicht immer sind die Mächtigen dieser Welt auch die Mächtigen des Geistes."*
„Ich fürchtete um euch, Herr Truchseß. Der Herzog Heinrich

barst fast vor Zorn." „Ihr braucht nichts fürchten. Der zornige Löwe kann sehr zahm sein. Er ist ein unruhiger Geist und darum leicht zu beschatten."
Scheu blickt Lichtenau den Truchseß an.

Am nächsten Abend weilt Erek wieder bei Graf Verdeck. Im Laufe des Gespräches fragt unvermittelt der Truchseß: *„Wie steht es mit eurer Reinheit, Junker?"*
Erek errötet bis in die Haarwurzeln. Er macht ein so verblüfftes Gesicht, daß der Graf lachen muß. *„Also noch ein reiner Tor. Bleibt so, glücklicher Jüngling. Haltet euch fern von der Begierde und wartet, bis die reine Liebe euch berührt."*
„Was ist Liebe?"
„Eine schwierige Frage, Junker. Oft schon gestellt und oft falsch beantwortet. Ich will es versuchen, euch diesen Begriff zu erklären. Ihr liebt doch euren Vater. Was empfindet ihr dabei?"
Erek sinnt. *„Der Vater? Der Vater ist mein bester Freund. Bei ihm war ich immer geborgen. Er dachte für mich und tat alles für mich."*
„Also, junger Freund. So muß Liebe sein. Sie muß selbstlos nur das Wohl des anderen im Auge haben. Alles andere hat mit Liebe nichts zu tun. Es mag ein schönes Mädchen eure Sinne reizen und in euch das Verlangen wecken, sie zu besitzen. Hört nicht auf eure Sinne. Seht nicht auf ihre äußere Form, seht ihr in die Augen. Wenn euch ein Licht entgegenstrahlt, das euch wärmt und einhüllt, dann seid ihr der Liebe begegnet. Seid sehr bedachtsam. Wachet und betet, heißt es. Das ist eine große Weisheit. Zu leicht verfällt der Mensch seinen Sinnen."
Nach einer Weile fährt Graf Verdeck fort: *„Zum Hofe des Kaisers drängt sich viel Gelichter, adliges und bürgerliches. Manch hübsche Larve versucht, sich einen Fisch zu angeln. Aber hinter hübschen Larven verbergen sich oft häßliche Herzen, die nur ih-*

ren Vorteil suchen. Seid mißtrauisch gegen jeden, ob Weib oder Mann, der euch mit schönen Worten umschmeicheln will. Sie vergiften eure Seele, schänden euren Leib und beschmutzen euren guten Namen. Niemand nehme ich aus, auch das fürstliche Geblüt nicht. Seid wachsam, ein einziger Schritt genügt, euch in den Abgrund zu reißen."
Zwingend ist der Blick des Truchseß.
Erek macht eine hilflose Handbewegung: „*Wie soll ich dem begegnen? Wie ihr über den reinen Tor lacht, so werden sie mich verhöhnen."*
„*Ihr müßt mit Gleichem antworten, ohne euch dabei aufzugeben. Ihr müßt lächelnd der Falschheit begegnen. Müßt so scheinen, als nähmt ihr den Schein für Ernst. Mit einem Wort, der Welt gegenüber müßt ihr eine Maske tragen. Nur so könnt ihr, als Machtloser, verhindern, daß sie euch überwältigt und in ihren Schmutz zerrt. Wo viel Licht, ist viel Schatten. Bleibt dem Licht treu und spielt nach außen mit in dem großen Spiel der Schatten, denn leider sind in dieser Welt die Schatten oft die Mächtigeren."*
Das Gehörte läßt Erek lange nicht den Schlaf finden. Dem Vater ist die reine Liebe begegnet, noch heute trägt sie ihn. „*Laß mich die reine Liebe finden, Herr*", betet sein gläubiges Herz.

* * *

Am andern Morgen fehlt der Truchseß. Auf die Frage Ereks wird ihm mitgeteilt, daß der Truchseß schon zu früher Stunde allein ausgeritten sei. „*Der Herr Truchseß läßt euch sagen*", gibt ihm der Kämmerer Werdenfels mit kaltem Tone bekannt, „*ihr könnt den Vormittag nach eurem Belieben verbringen. Zur Mittagstafel sollt ihr euch wieder einfinden.*" Erek ist von der kaum verhüllten Feindseligkeit dieses Mannes wieder peinlich berührt. „*Was habt ihr gegen mich, Herr Kämmerer?*" Werdenfels zieht hochmütig die Augenbrauen hoch, ein verächtlicher Blick trifft Erek. *„Nichts! Ihr seid mir nicht wichtig genug, um etwas gegen euch zu haben"*, ist die eisige Antwort. Der Junker erblaßt. Er erhebt sich und sieht um sich. Von allen Seiten blicken ihn kalte Augen an. Er geht still hinaus. Was tat ich diesen Menschen? Wieder überfällt ihn das Gefühl schmerzender Einsamkeit. Wenn der Truchseß nicht wäre, er könnte es hier nicht aushalten. Er läßt das Pferd satteln, wirft sich hinauf. Durch enge, belebte Gassen geht es zum Tor hinaus ins Freie. Ein strahlender Frühlingsmorgen. Schimmernd liegt der See im Sonnenglanz. In der Ferne grüßen die hohen schneebedeckten Berge. Erek reitet am See entlang. Er läßt dem Pferd die Zügel. Hinter ihm Enge und kalte Ablehnung, hier umhüllt ihn Wärme und leuchtende Weite. Wie schön ist die Welt in der Einsamkeit! Einsamkeit kann Glück bedeuten, sagte es nicht Graf Verdeck? Erek ist glücklich. Er fühlt sich losgelöst von aller Schwere. Träumend läßt er sich durch den jungen Tag tragen. Da fällt sein Blick auf eine kleine Kapelle, sie liegt etwas erhöht an einem Abhang. Unweit von ihr grast ein Pferd. Erek reitet auf die Kapelle zu. Er will danken im Gebet. Er steigt ab und bindet sein Pferd an einen Baum. Vorsichtig öffnet er die rohgeschnitzte Tür. Die Kapelle ist in ein mystisches Halbdunkel gehüllt, nur die ewige Lampe gibt matten Schein. Unweit des Altars erkennt Erek eine dunkle Gestalt, die auf dem Boden liegt. Leise tritt er näher, da sieht er zwei im Gebet verkrampfte Hände, die sich dem Altar entgegenstrecken. Die Gestalt liegt mit dem Gesicht auf dem Boden, unverständliche Worte murmelnd. Wohl ein Verzweifelter, der um die Vergebung seiner Sünden fleht, geht es dem Junker durch den Kopf. Er tritt zurück und verrichtet seine Andacht. Gerade will er die Kapelle verlassen, da richtet sich die Gestalt hoch, verneigt sich vor dem Altar, hüllt sich eng in den dunklen Mantel und kommt schnellen Schrittes auf die Tür zu, in deren Nähe der Junker stehen blieb. Beim Vorbeigehen erkennt Erek den Grafen Verdeck. Stumm verneigt er sich. Der Truchseß stutzt einen Augenblick, entfernt sich wortlos, besteigt sein Pferd und galoppiert davon. Nachdenklich verläßt Erek die Kapelle. Es ist ihm, als hätte der schöne Tag etwas von seinem Glanz verloren.

Beim Mahl ist Graf Verdeck noch wortkarger als gewöhnlich. Als Werdenfels in seiner servilen Art sich nach seinem Ergehen erkundigt, erhält er eine kurze, abweisende Antwort, die ihn verstummen läßt. Der Truchseß hebt die Tafel auf. *„Ihr begleitet mich, Junker"*, befiehlt er Erek. Stunden anstrengender Arbeit folgen. Kaum vermag der Junker dem Diktat des Grafen zu folgen. Die Sonne ist schon im Sinken, da bricht der Truchseß plötzlich ab. *„Machen wir morgen weiter."* Erek will sich zurückziehen, da sagt Graf Verdeck: *„Wir werden allein zur Nacht essen. Ich will keine anderen Menschen mehr sehen, Erek."*
Ein erlesenes Mahl, bestehend aus lauter Leckerbissen, wird serviert, dazu gibt es roten Burgunder. Erek erzählt unaufgefordert von dem schönen Erleben des Vormittags, ohne die Kapelle zu erwähnen. Still hört Graf Verdeck zu, dann bricht er sein Schweigen: *„Ich bin euch eine Erklärung schuldig, Erek."* Der Junker macht eine abwehrende Handbewegung, doch der Graf fährt fort: *„Ihr saht heute den mächtigen Truchseß, um dessen Gunst sich hohe und höchste Herren bemühen, ausgestreckt liegen auf den kalten Fliesen einer einsamen Kapelle, vor dem Altar des Herrn. Ahnt ihr, warum er das tat?"* Erek schüttelt unwillkürlich den Kopf. *„Ihr könnt es nicht ahnen. Der Graf Verdeck verlor einst seine Reinheit und damit seinen Glauben. Er hatte sich abgewandt und seinen Gott vergessen im Tau-*

mel der Leidenschaften, bis er zusammenbrach. In seiner entsetzlichen Not schrie ein Wahnsinniger nach dem verschmähten Gott, und Gott erhörte seinen Ruf. Der verlorene Sohn fand langsam zurück zum Vater. In jeder Woche, an dem Tage, wo mich ein gütiger Gott wieder annahm, weihe ich in einsamen Kirchen mein Herz dem Gott des Lichtes und der Liebe. Haltet euch rein, Junker", fast beschwörend ist die Stimme des Grafen, *„wenn ich euch sehe, sehe ich mich wie in einem Spiegelbild. Folgt nicht, wie ich es einst tat, euren Sinnen. Wer seinen Sinnen folgt, verliert seinen Gott. Wer Gott verliert, verfällt der Macht der Schatten. Haltet Gott die Treue, dann wird euch viel Leid erspart bleiben. Die Welt der Schatten lockt, sie stellt uns Fallen, verstricken wir uns, ist es sehr schwer, sich wieder zu lösen. Ohne Gott sind wir friedlos, unstet und flüchtig. Was nützt uns alle Macht und aller Glanz dieser Welt, wenn wir ohne Frieden sind? Um euretwillen bitte ich euch, vergeßt niemals das Bild, das ihr in jener einsamen Kapelle erlebtet. Doch genug davon, reden wir über etwas anderes. Wenn der Sommer kommt, werden wir nach Rom reiten. Der Kaiser will seine Gemahlin krönen, und unsere Aufgabe wird es sein, dieses Ereignis so prächtig wie möglich zu gestalten, damit es weithinaus leuchtet in das Abendland."*

* * *

Wieder ist Erek in Rom. Doch diesmal steht er in der ersten Reihe zwischen den Pagen und erlebt den feierlichen Krönungsakt aus unmittelbarer Nähe. Nachdem die Kaiserin den Segen des Papstes empfing, setzt ihr Barbarossa die Krone auf das lichte Haupt. Er geleitet sie zu ihrem Thronsessel zurück, da verliert sie ihren goldgestickten Schuh. Verlegen stockt ihr Fuß. Barbarossa bemerkt es. Geistesgegenwärtig stürzt Erek vor, streift der Kaiserin den Schuh wieder über den Fuß. Der

Kaiser dankt und sagt: „*Meldet euch morgen bei mir.*" Beglückt zieht sich der Junker zurück. „*Das habt ihr gut gemacht*", sagt eine leise Stimme hinter ihm. Ohne sich umzudrehen, weiß Lichtenau, wer zu ihm spricht.

Der Truchseß stellt Erek am anderen Tage dem Kaiser vor. „*Ihr habt der Kaiserin einen guten Dienst erwiesen, Junker, wollt ihr weiter der Kaiserin dienen?*"
Erek blickt unschlüssig den Truchseß an, der ihm zustimmend mit den Augen winkt. „*Es ist mir eine hohe Ehre, Kaiserliche Majestät.*"
„*Gut, Graf Verdeck wird das Weitere übernehmen.*" Der Kaiser reicht Lichtenau die Hand, ehrerbietig küßt sie Erek.

* * *

Abends beim Truchseß scheint Erek bekümmert.
„*Warum so still, Erek? Freut ihr euch nicht?*"
„*Wie gern wäre ich bei euch geblieben. Ihr gebt mir das Gefühl des Daheimseins.*"
„*Wir werden nicht getrennt, Erek, der Dienst bei der Kaiserin ist leicht. Ihr werdet viel Zeit haben, und ihr bleibt in meinem Quartier. Ich werde das mit der Kaiserin regeln. Sie ist eine sehr fromme Frau, Priester sind ihr hauptsächlicher Umgang, und ihr werdet sie öfters am Tage in eine Kirche begleiten müssen. Haltet euch sehr zurück. Die Kaiserin liebt weltliche Gespräche nicht sonderlich. Redet nur, wenn ihr angesprochen werdet. Der Hof der Kaiserin hat etwas Klösterliches, und entsprechend müßt ihr euch einstellen. Aber es ist gut für euch, in das Blickfeld der kaiserlichen Majestät gerückt zu werden. Haltet Augen und Ohren offen, seht und hört viel — und schweigt. Schweigen ist die Macht des Machtlosen. Die Großen dieser Welt lieben und fürchten den*

Schweiger. Sie lieben ihn, weil sie sich gern aussprechen, und sie fürchten gleichzeitig, daß er das Gehörte weitergibt. Es kommt darauf an, sich das Vertrauen der Mächtigen zu erwerben. Sie müssen das Gefühl haben, daß da ein Mensch ist, auf dessen Schultern sie alles bürden können, was sie bedrückt."

* * *

Erek meldet sich bei der Kaiserin. Beatrix erkundigt sich eingehend nach seiner Herkunft. Es rührt sie sehr, daß Erek ohne Mutter aufwuchs. Auch die Verehrung, die aus des Junkers Worten für den Vater spricht, hinterläßt bei der ernsten, frommen Frau den besten Eindruck. Zur Überraschung des Junkers kennt die Kaiserin den Abt Bernard. *„Er ist ein heiliger Mann. Ihr habt einen guten Lehrer gehabt."*

* * *

Der Hof zieht über die Alpenpässe nach Norden.
In Mainz soll ein Fürstentag abgehalten werden. In Konstanz wird eine längere Zwischenstation gemacht.
Graf Verdeck erwirkt bei der Kaiserin, daß Erek seinen Vater besuchen kann.
„Grüßt mir euren Vater und sagt ihm, daß mir sein Sohn sehr ans Herz gewachsen ist", mit diesen Worten verabschiedet sich der Truchseß von Erek.

* * *

Der alte Ritter ist überglücklich. Immer wieder betrachtet er seinen Sohn. Auch Muhme Barbara kann sich vor Freude kaum fassen. Erek muß erzählen. Zwischen den Worten ver-

nimmt das hellhörige Vaterherz einen wehmütigen Ton. *„So bist du zufrieden, mein Junge?" „Ich weiß es nicht, Vater. Es ist alles sehr schön und glanzvoll, aber ohne Wärme, oft friere ich in dieser kalten Pracht."*
„So möchtest du wieder zurück?"
„Zurück kann ich wohl auch nicht mehr. Niemand würde es begreifen, am wenigsten der Truchseß, er ist sehr gut zu mir."

Erek schaut aus dem Fenster in die friedliche Landschaft seiner Heimat. Könnte er hier immer leben, könnte er auf die große Welt da draußen verzichten? Er kann es nicht mehr, jene Welt der mächtigen Schatten, wie sie der Truchseß nennt, würde ihn wieder zu sich ziehen. Mit jähem Schreck erkennt Erek sein Gebundensein. Er kann sich nicht mehr lösen. So bin ich unfrei geworden, geht es ihm durch den Kopf. Aber noch habe ich mich rein erhalten, beschwichtigt er sich. Als hätte der Vater seine Gedanken erraten, hört er die dunkle, so beruhigende Stimme sagen:
„Bleibe immer der Sohn deiner Mutter. Sie war die reinste Seele, der ich auf den Wegen der Welt begegnete."
Bewegt dreht sich Erek um. Er geht zum Vater, kniet vor ihm nieder und legt seinen Kopf in dessen Schoß, wie er es immer als Knabe tat. Eine harte Hand streichelt ihn leise:
„Mein lieber Junge. Gott möge dich behüten."

Am kommenden Tage besuchen Vater und Sohn den alten Abt Bernard. Er ist noch derselbe geblieben. Auch er erkennt bald den inneren Zwiespalt in der Seele seines einstigen Schülers. Er spricht ihm vom Glauben als dem einzigen festen Halt in dieser Welt der Irrungen und Lockungen. Andächtig hört Erek zu, wieder nimmt ihn die leise, eindringliche Stimme gefangen, er versinkt förmlich in den leuchtenden Augen des alten Priesters, die einen magischen Glanz ausstrahlen. Und doch bleibt die Unruhe in seinem Herzen. Kann er diesen Glauben aufbringen, der ihn feit gegen die Welt der Schatten? Er weiß es nicht.

Der Abschied ist still und wortkarg von seiner Seite. Wird er diese guten Augen nochmals wiedersehen? Fast scheint es ihm, als wäre es ein Abschied für immer. „*Gott gibt und Gott nimmt, mein Sohn. Gott führt uns durch Drangsale, damit wir uns bewähren. Wache und bete, daß du Gott nicht verlierst.*"

Diese letzten Worte greifen wie eine eisige Hand an Lichtenaus Herz. Wie furchtbar es sein muß, Gott zu verlieren, hat ihm der Truchseß gezeigt. „*Ich werde ihm die Treue halten*", stößt er hervor. „*Versprich nichts, mein Sohn, auch Petrus versprach und brach sein Wort. Versuche es. Immer wieder flüchte zu Gott, wenn die Welt dich zu verschlingen droht.*"

Der Abt segnet Vater und Sohn bei ihrem Fortgang.

* * *

Im Dom zu Mainz erklingt ein feierliches Hochamt, das der Kurfürst und Erzbischof zelebriert. Ein wundervoller Chor singt das Kyrie eleison. Lichtenau erklingt es wie Sphärenmusik. Er hat seinen Platz auf der Empore, denn heute ist er dienstfrei. Er blickt in die Runde, da schaut er in zwei dunkle Augen in einem zarten Mädchengesicht. Wie gebannt blickt er hinüber, und auch das Mädchen scheint sich nicht lösen zu können. Es ist wie eine stumme Zwiesprache, die die beiden jungen Menschen halten. Erst nach einer Weile schlägt das Mädchen die Augen nieder. Lichtenau erkennt an ihrer Kleidung, daß sie dem Bürgerstand angehört, doch das stört ihn nicht. Immer wieder versucht er einen Blick zu erhaschen, in ihm ist ein fremdes Gefühl lebendig geworden, das sich seiner

ganz bemächtigt.
Das Hochamt ist zu Ende. In feierlichem Zug verläßt das Kaiserpaar mit seinem Gefolge den Dom. Lichtenau versucht die Treppe der Empore vor dem Mädchen zu gewinnen. Es glückt ihm fast, nur wenige Stufen trennen ihn von ihr. Am Kirchenausgang ist er an ihrer Seite, errötend sieht sie starr geradeaus. *„Mein Fräulein"*, stockend bringt es Erek hervor. Er will etwas sagen — aber es fällt ihm nichts ein. Er möchte nur ihre Stimme hören, er setzt wieder an: *„Mein Fräulein —"* Die Schöne beschleunigt ihren Schritt. Lichtenau hält sich an ihrer Seite. *„Darf ich euch nach Hause geleiten?"* Da lächelt das Mädchen: *„Es wäre nicht gut für mich, Herr."* Mutig geworden, dringt Erek weiter in sie: *„So kann ich euch hier wiedersehen?"* Das Mädchen scheint zu überlegen, dann nickt das zierliche Köpfchen Gewährung. *„Und wann?"* *„Zur Frühmesse komme ich jeden Tag"*, sagt sie zögernd. *„Ich danke euch, mein Fräulein, ich werde euch erwarten."* Das Mädchen grüßt und enteilt in eine Seitengasse.

So beginnt eine schwärmerische Liebe zwischen dem Junker von Lichtenau und dem kleinen Bürgermädchen Editha. Bald genügt den Liebenden nicht mehr die weite Halle des Domes für ihre Zusammenkünfte. Mancher Abend sieht die beiden auf einsamen Pfaden außerhalb der Stadt, und die Wellen eines starken Gefühls steigen immer höher, bis eines Tages die beiden jungen Menschenkinder darin versinken. Lichtenau ist wie berauscht, auch Editha läßt alle Vorsicht mehr und mehr außer Acht. Das fahle Licht des kommenden Tages schreckt oft den Junker auf und weckt Editha, die glücklich an seinem Herzen geruht. Erek muß entweichen wie ein Dieb und sich beeilen, zur Frühstückstafel des Truchseß rechtzeitig zu erscheinen. Forschend ruht Verdecks Blick auf

Erek. Der Junker fühlt es, mit gespielter Ruhe widmet er sich den Genüssen der Tafel. *„Ihr seht so blaß und müde aus, junger Freund, flieht euch der Schlaf oder ihr ihm?"* Wie einen Hieb empfindet Lichtenau die Frage. Mühsam beherrscht er sich. *„Hat das Spiel der Schatten begonnen?"* hört er des Truchseß Stimme. Lichtenau kämpft mit sich, soll er die Wahrheit sagen? *„Ich liebe, Herr!"*, stößt er hervor. *„Ihr liebt, was nennt ihr Liebe?" „Ich liebe ein Bürgermädchen und will es zu meiner Frau machen"*, fast trotzig klingt es. *„Armer Freund, das wird nicht möglich sein." „Warum soll es nicht möglich sein? Sie ist ein feiner, wundervoller Mensch." „Ein Junker von Lichtenau kann keine Bürgerliche zum Weib nehmen." „So werde ich mich dem Kaiser zu Füßen werfen und seine Erlaubnis erbitten"*, fährt Lichtenau erregt auf. *„Auch der Kaiser kann euch nicht erlauben, was er den anderen verweigern muß." „Das ist doch aber nicht gerecht! Was kann Editha dafür, daß sie ein Bürgermädchen ist?" „Gerechtigkeit ist das, was die Mächtigen dieser Welt für Recht erachten. Ihr dürft euch eine Editha zur Buhle nehmen, doch niemals zum Weib. Es sei denn, ihr brecht mit allem, was euer Leben ausmacht und geht mit eurem Mädchen in ein fremdes Land. Überlegt euch das gut, Junker von Lichtenau."* Bedrückt erwidert Erek: *„Herr, wie soll ich in Ehren bestehen vor dem Mädchen, mein Gefühl ist rein und echt."*

„Euer Gefühl mag echt sein, aber eure Handlungen tragen das Kennzeichen der Unreinheit. Ihr habt euch vergessen, Erek. Ihr habt vergessen, was ihr euch, eurem Vater und jenem Mädchen schuldig seid. Ihr habt sie genommen, wie man eine Blume pflückt am Wege und euch an ihrem Duft berauscht, und dieser Rausch hält euch gefangen. Von Liebe dürftet ihr nicht reden. Liebe bereitet keinen Schaden. Liebe erhebt oder entsagt, um nicht schädigen zu müssen. Ihr habt eure Reinheit verloren und einer anderen Seele genommen. Der reine Tor hat sich verirrt im

Irrgarten seiner Sinne. Ich kann euch nicht helfen, wenn ihr den Weg der Schatten wählt."
Lichtenau ist totenbleich geworden. Alles hat er aufs Spiel gesetzt, alles scheint verloren, auch die Freundschaft dieses vornehmen Menschen, zu dem er verehrend aufschaut.
Der Truchseß sieht die Verzweiflung in dem offenen Gesicht. Begütigend lenkt er ein:
„Ich mußte diesen scharfen Schnitt tun, mein Freund. Wir alle fehlen, wir alle weichen irgendwann einmal vom geraden Weg ab, auch ich tat es, und darum bitte ich euch, versucht gutzumachen, was ihr fehltet. Ich werde euch dabei unterstützen. Bringt mir heute Abend eure Editha!"

Verängstigt wartet Editha, die Lichtenau in das Quartier des Truchseß führte. Nach einigen qualvollen Minuten läßt der Truchseß sie zu sich bitten. Widerstrebend löst sie sich von Lichtenaus Hand und folgt dem Diener. Mit mädchenhafter Anmut grüßt sie den Truchseß. Freundlich wird ihr ein Stuhl angewiesen. Der Truchseß erkundigt sich nach ihrem Leben und nach ihrer Familie. Er erfährt, daß Editha die Tochter eines ehrbaren Kesselflickers ist. *„Ich muß euch einen Schmerz bereiten, mein Kind, aber es geht nicht anders. Ihr müßt den Junker von Lichtenau wieder freigeben, um seinet- und euretwillen."* Verräterisch zuckt es um den Mund des Mädchens, dann fließen die Tränen.
„Ich liebe Erek so sehr, ich kann nicht ohne ihn leben", schluchzt sie auf. Dann fügt sie hinzu: *„Ich werde ein Kind erhalten."* Der Truchseß erhebt sich, geht zu der Weinenden und streichelt ihr freundlich über das Haupt.
„Ich werde euch und euer Kind vor jeder Not bewahren. Ich werde euch auf meine Burg bringen lassen, dort wird niemand es wagen, euch auch nur scheel anzusehen. Wollt ihr, so gebt mir euer

Wort, daß ihr den Junker freigebt?"
„Ich kann nicht, ich würde sterben", klagt das Mädchen.
„Armes Mädchen, so leicht stirbt es sich nicht, und ihr habt jetzt die Pflicht zu leben, zu leben für euer Kind. Folgt meinem Rate. Ich werde mit eurem Vater sprechen und ihm sagen, daß ich euch in meine Dienste genommen habe. So wird vieles aufgehoben, was ihr und der Junker leichtsinnig verschuldet."
Eindringlich stellt der Truchseß die Frage:
„Wollt ihr für euer Kind leben?"
Das Mädchen starrt vor sich hin, dann ergreift es zögernd die Hand des Truchseß. *„Ich will, Herr. Ich will euch folgen."*
Der Truchseß läßt die Metallkugel schwirren. Ein Diener tritt ein. *„Ruft den Junker von Lichtenau."* Editha fährt auf: *„Nein, Herr, ich kann ihn jetzt nicht sehen!" „Beruhigt euch, mein Kind!"* In der Tür steht Erek. Er sieht das verweinte Gesicht Edithas, und er fühlt, daß hier auch sein Geschick entschieden wurde.
„Junker von Lichtenau, das Fräulein tritt in meine Dienste. Schon morgen wird sie Mainz verlassen, und die Burg Verdeck wird ihr und ihrem Kinde eine Heimstätte sein."
Erek steht wie erstarrt. Editha wird ein Kind haben — sein Kind —.
„Ihr, Junker von Lichtenau, werdet dem Fräulein und mir euer Wort geben, niemals wieder ihren Weg zu kreuzen. Um ihres Kindes willen hat Editha verzichtet, ihr werdet euch nicht durch sie beschämen lassen wollen."
Lichtenau wankt, er ist zutiefst getroffen. Editha verzichtet, verzichtet auf ihn und seine Liebe. Es würgt ihm in der Kehle, seine Hände verkrampfen sich ineinander, ihm so letzte Haltung gebend.
„Ich warte, Junker von Lichtenau", hört er die mahnende Stimme Graf Verdecks.

Schwer entringt es sich dem Munde Ereks:
„Ich verspreche es, Herr Truchseß."
„Wenn ihr euer Wort brecht, Junker, werdet ihr es schwer büßen müssen. Denkt daran."
Der Truchseß entläßt Lichtenau und bringt Editha zu ihrem Vater. Der einfache Mann ist ganz benommen von der hohen Ehre, die ihm und seiner Tochter erwiesen wird, und gibt glücklich seine Zustimmung.

Erek leidet sehr unter der Trennung von Editha. Ihre hingebungsvolle Art, ihr weiches anschmiegsames Wesen, hatten ihn mit viel Wärme eingehüllt, die ihm bisher gefehlt und die er jetzt um so empfindlicher vermißt. Ihr liebliches Bild verfolgt ihn, wo er geht und steht. Oft packt ihn die Sehnsucht nach ihr wie reißender Schmerz. Er preßt die Faust vor den verkrampften Mund, um nicht zu schreien. Sichtlich verfällt er, die grauen Augen liegen in tiefen Höhlen, der Blick ist abwesend. Mit innerer Sorge beobachtet ihn der Truchseß. Mehr denn je zieht er den jungen Mann in seine Nähe. Unter Hinweis auf Lichtenaus gefährdeten Gesundheitszustand erwirkt der Truchseß bei der Kaiserin die Befreiung Ereks vom Pagendienst.

„Wie wollt ihr dem Junker helfen, Graf Verdeck?" fragt die Kaiserin.
„Ich werde versuchen, ihn durch Arbeit abzulenken, kaiserliche Majestät."
„Wäre es nicht besser, ihn nach Hause zu schicken? Der junge Mensch verträgt das Hofleben nicht, scheint mir."
„Ich werde ihn selbst entscheiden lassen, kaiserliche Majestät."
„Ich bitte mir über die weiteren Maßnahmen zu berichten."
„Wie kaiserliche Majestät befehlen."

Am Abend sagt Graf Verdeck:
„Ich habe euch vom Pagendienst befreien lassen."
„Warum, Herr Truchseß, genüge ich nicht mehr dafür oder versäumte ich meine Pflicht?"
„Nichts von alledem. Es kann nicht euer Lebensziel sein, vielleicht einmal Kämmerer einer Kaiserin zu werden. Ich habe anderes mit euch vor, ich will euch zu meinem Nachfolger erziehen. Es ist ein sehr umfangreiches Gebiet, das dem Truchseß des Kaisers unterstellt ist, wie ihr wißt. In des Truchseß Hand laufen alle Fäden zusammen. Er ist eingeweiht auch in die geheimsten Dinge, denn alles wird ihm zugetragen. An ihm selbst liegt es nun, diese Macht richtig anzuwenden. Natürlich hat er viele Feinde, deshalb ist es notwendig, daß er nach außen möglichst unantastbar ist. Den Feinden muß man mit Freundlichkeit begegnen. Gewinnt man sie damit zu Freunden, ist es gut für sie. Bleiben sie ablehnend, muß man auf seine Stunde warten können. Das fällt oft schwer, Erek, zumal wenn ihre Macht nicht größer als die eigene und es ein Leichtes wäre, sich ihrer zu entledigen. Aber was wäre damit gewonnen? Ein niedergerungener Gegner läßt oft zehn neue erstehen. Darum allein schon ist es besser, sich Feinde zu Freunden zu machen, wenn es auch oft viel Überwindung kostet. Gefährlich sind nur die mächtigeren Gegner. Hier ist die Klugheit der Schlangen geboten, die sie geschmeidig einem Hieb ausweichen und aus dem Hinterhalt angreifen läßt. Meistens aber ist es so, daß die Mächtigeren berauscht sind von ihrer Macht, und wer berauscht ist, ist blind. Nehmt alle meine Worte in euch auf und denkt darüber nach, Erek, es wird euch von großem Nutzen sein, wenn ihr danach handelt. Vermeidet den Fehler der Mächtigen, die eigene Macht zu überschätzen."
„Werde ich das vermögen?", wirft Lichtenau kleinlaut ein.
„Es gibt noch einen anderen Weg, Erek, die Kaiserin schlug ihn vor. Ich soll euch nach Hause schicken, damit ihr dort gesundet.

Ich lege die Entscheidung in eure Hände. Ihr selbst müßt empfinden, welcher Weg der für euch richtige ist. Ich würde es für mich bedauern, wenn ich euch gehen lassen müßte. Denn von all jenen, die für mein Amt in Frage kämen, erscheint ihr mir als der Geeignetste."

„Ihr sprecht, Herr, als wäre die Stunde des Scheidens schon nahe." „Meine Zeit ist bemessen, junger Freund, ich fühle es."

Ein banges Gefühl beschleicht Lichtenau. Was würde aus ihm, wenn er diesen gütigen Menschen verlieren müßte? Wie selbstverständlich hat er doch für ihn gesorgt, seine Freundschaft ebnete Erek alle Wege. Darüber hinaus umgab ihn der Truchseß mit herzlicher Wärme, so daß Erek es kaum erwarten konnte, zu Verdeck gerufen zu werden. Impulsiv ergreift er des Grafen Hand und küßt sie: *„Ihr dürft nicht gehen wollen, ihr müßt noch lange hier bleiben."* Der Truchseß entzieht Erek die Hand, streichelt im leicht über das gebeugte Haupt.

„Erek, wir wollen nicht sentimental werden wie zwei alte Weiber. Einmal muß es sein, mein junger Freund. Ihr habt mir viel gegeben. Zu gern formt der Mensch nach seinem Ebenbilde, und ihr wart mir ein gelehriger Schüler. Mit mir erlischt das Geschlecht der Verdecks. Es ist mir nicht vergönnt gewesen, ein Weib zu finden, das dem Sehnen meines Herzens entsprach. Vielleicht habe ich auch zu viel verlangt und war in ein Idealbild verliebt, das es auf Erden nicht gibt. Oft wähnte ich, es gefunden zu haben, aber immer war es nichts. Vielleicht war es gut so, vielleicht wäre ich nicht der, der ich heute bin. Vielleicht — ich weiß es nicht. So verliebte ich mich in die Macht, aber ohne ihr zu verfallen. Es bereitet mir eine tiefe Befriedigung, denen, die im grellen Licht ihre Rolle spielten, die Stichworte zuzuraunen. Glaubt mir, Erek, auch die Mächtigen dieser Erde sind Menschen, wenn sie ihres Nimbus entkleidet sind. Oft sogar kleine, armselige Menschen, die begierig nach jeder Hand greifen, die sie stützt. Habt ihr das

Vertrauen, haltet euch zurück. Es ist immer besser, sich suchen zu lassen, als lästig zu werden. Immer auf seine Stunde warten, sie kommt bestimmt, alles, Menschen und Dinge, ruhig auf sich wirken zu lassen. Wie will ich den anderen erfassen, wenn ich von mir selbst befangen, nur immer in meinem gewohnten Kreise denke. Ich muß mich ausschalten, muß mich leer machen, um ihn aufnehmen zu können. Dazu sind wenige Männer willens. Die meisten gefallen sich in einer betonten Robustheit, die oft der Lächerlichkeit nicht entbehrt. Doch faßt sie das Schicksal einmal hart an, sind sie erschüttert und klagen. Merkt auf, Erek, das Harte wird zerbrechen, nur das Weiche bleibt. Wer sich verhärtet, biegt sich nicht mehr. Nur wer seine Weichheit bewahrt, schmiegt sich jeder Lage an und beherrscht sie. Versucht auch niemals, dem anderen eure Ansicht aufzuwingen, sondern helft ihm vorsichtig, sich von der seinen zu lösen, doch muß er den Eindruck haben, von selbst darauf gekommen zu sein. So bleibt euch seine Seele geöffnet, er wird eure Nähe suchen, denn ihr löst in ihm die Verhärtung. Handelt auch so zu denen, über die ihr Macht habt. Den Herrn spielen kann jeder Dummkopf, und mag er noch so hohen Geblütes sein. Es kommt nicht darauf an, seine Macht zu zeigen und sie fühlen zu lassen, es kommt darauf an, die Herzen zu gewinnen. Das gelingt nur dem, der nicht in sich selbst verliebt ist."

Fast andächtig hört Erek zu. Welch ein Mensch! Er versteht, warum alle, selbst die Niedrigen, das Lob des Truchseß singen. Er versteht auch, warum sogar die rauhen Kriegsgesellen am kaiserlichen Hof sich zusammennehmen, wenn Graf Verdeck erscheint. Sein stillvornehmes Wesen, seine Gelassenheit, bringen sie zum Schweigen. Niemals sah er diesen Mann zornig auffahren. Er ist immer gleichmäßig freundlich und beherrscht, ob er dem Kaiser gegenübersteht oder dem geringsten Diener.

„Das Herz ist wichtig, Erek, nicht der Mensch, im Herzen wirkt die Gottheit, auch im Herzen des Unfreien. Darum seht nicht darauf, wer einer ist, sondern wie einer ist. Hütet die Geringen, die euch anvertraut sind. Für sie seid ihr der Gottheit verantwortlich. Vergeßt nicht einen Augenblick, daß auch sie Kinder Gottes, also eure Brüder sind, die eurer mehr bedürfen als die anderen. Ihrer Treue versichert euch, denn ohne ihre Hilfe seid ihr mit eurer Macht ein Machtloser. Hochmut der Machtgeblendeten begegnet mit Spott, doch auch sie verdienen nur Mitleid, denn ihr Hochmut bringt sie zu Fall, früher oder später, ohne daß ihr etwas dazu zu tun braucht. Wappnet euch mit Gelassenheit und bleibt euch immer selbst treu."

„Noch über etwas möchte ich zu euch sprechen", fuhr Graf Verdeck fort. *„Über euer Verhältnis zu Barbarossa, wenn ihr mein Nachfolger werdet."*

„Ich bin doch zu jung, Herr Truchseß, und es sind so viele Kämmerer da", wendet Lichtenau ein.

„Es kommt nicht auf das Alter an, Erek, dem Kaiser wird ein junger, geistvoller Truchseß angenehmer sein, als ein alter Kämmerer, der über sich nicht hinauszudenken vermag. Wenn meine Stunde kommt, werde ich Barbarossa bitten, euch mein Amt zu geben. Der Kaiser wird es mir nicht abschlagen, zu oft hat er erfahren, daß es gut war, meinem Rat zu folgen. Barbarossas ganze Liebe gehört dem Reich, ihm unterstellt er alles. Er ist ein gerader, offener Charakter, der das Beste für alle Menschen will, er neigt, wie alle einfachen, ehrlichen Seelen dazu, die anderen Menschen ebenso ehrlich anzusehen. Darum erlebt er so viele bittere Enttäuschungen. Ihm schwebt das Ziel vor, das Reich in seinem Gefüge zu festigen und zu einem unüberwindlichen Bau zu gestalten. Der Kanzler Dassel und die Kaiserin Beatrix unterstützen ihn in diesem Streben. Der Kanzler geht sogar so weit, den Kaiser über den Papst zu stellen. Es ist sehr schwer, Barba-

rossa zurückzuhalten, zu viele Mächte sind niederzuringen, sie alle pochen auf ihr verbrieftes Recht. Seinen Willen einfach durchzusetzen, fehlt ihm die Macht, denn diese leihen ihm seine mächtigen Lehnsherren; verweigern sie sich ihm, ist das Reich gefährdet. Die Fürsten und Herzöge wünschen kein starkes Kaisertum, auch der Papst nicht. Des Kaisers Stellung erzwingt ein geschicktes Lavieren, er müßte die widerstrebenden Kräfte gegeneinander ausspielen, was seinem geraden Sinn nicht liegt.
Er bevorzugt einzelne und hilft ihnen, ihre Macht zu vergrößern in der Erwartung, daß ihm ihr Dank gewiß ist. Das kann manchmal gutgehen, wenn es sich um gleiche Naturen handelt. Aber wehe dem Vertrauenden, wenn die Bevorzugten dem Machtwahn verfallen. Wie oft warnte ich den Kaiser vor allzu großem Vertrauen, doch er läßt sich schwer beraten, und so muß er durch die Bitternis gehen.
Erringt ihr später Barbarossas Vertrauen, helft ihm darin, die Spreu vom Weizen zu unterscheiden. Helft ihm, daß er sich bescheidet. Scherzt viel mit ihm, er liebt geistvolle Späße und lacht gern. Im spaßhaften Gewande serviert, nimmt er auch Unangenehmes widerspruchslos entgegen. Er ist völlig ohne Falsch. Tükke und Bosheit sind ihm zuwider, und er hält es sogar für verächtlich, Umwege zu machen. Er geht immer gerade auf das Ziel los. Manches vermochte ich abzubiegen, aber vieles bleibt noch zu tun. Das wird eure wichtigste Aufgabe werden, Erek. Ihr habt die weiche Schmiegsamkeit, die erforderlich ist, den stolzen, freimütigen Recken zur Vorsicht zu bewegen."
„Eure Ansicht ehrt mich, Herr Truchseß, doch ist der Kaiser für mich ein so erhabenes Wesen, daß ich es kaum wagen werde."
„Gott und Christus sind erhabene Wesen, der Kaiser ist ein Mensch wie ihr und ich und gleichen Irrtümern unterworfen. Macht euch völlig frei von jeder Überbewertung irdischer Größe. Ihr hemmt euch selbst und nützt niemandem."

Mit feierlichem Pomp wird das Fest der Schwertleite gefeiert. In Gegenwart des Hofes, der Fürsten und Großen des Reiches werden der älteste Sohn des Kaisers und mit ihm eine Anzahl junger Edelleute zu Rittern geschlagen. Auf Verdecks Vorschlag ist auch Erek unter ihnen. Barbarossa vollzieht den Ritterschlag. Der Truchseß beglückwünscht ihn: *„Ihr werdet wohl kaum das Schwert führen müssen, Erek, wenigstens wünsche ich es euch nicht."*

„Ich bin kein Feigling, Herr Truchseß, aber der Gedanke, einen Menschen töten zu müssen, läßt mich erschauern."

„Ich weiß das, Erek. Es ist sehr schwer, eine befriedigende Einstellung zum Töten zu gewinnen."

„Du sollst nicht töten, heißt das Gebot. Christus selbst ließ sich willenlos quälen und an das Kreuz schlagen, ja er bat noch für seine Peiniger und Mörder."

„Alles richtig, Erek, aber seit das paradiesische Bewußtsein der Brüderlichkeit, der Gerechtigkeit und der Liebe verloren ging, hat das Töten seinen Anfang genommen. Es wird sogar aus diesen oder jenen Gründen verherrlicht. Nicht die friedliebenden, sondern die Herrscher, die zahllose blutige Kriege führten, werden gepriesen. Selbst im Namen des Christus wird getötet. Das alles hat mir viele schwere Stunden bereitet."

„Aber würden nicht die Friedliebenden hingemordet, wenn sie sich nicht zur Wehr setzten?"

„Das schien mir auch die richtige Lösung. Die Abwehr ist notwendig zur Erhaltung derer, die guten Willens sind. Nur der Angriff ist verboten."

Nach langem Sinnen fährt Graf Verdeck fort:

„Seit dem Verlust des Paradieses ist die Menschheit verwirrt. Selbst das Christentum schafft keinen grundlegenden Wandel. Auch die Kirche Christi hat sich gespalten. Rom und Byzanz streiten sich. Diese Spaltung wird andere nach sich ziehen. Die

Menschheit muß wohl noch durch viele Katastrophen gehen, bis sie den Geist der Liebe, den Christus verkündete und vorlebte, erfaßt."

„Ihr meint die Offenbarungen des heiligen Johannes?"

„Sie zeichnen in großen Linien den Weg, aber wenige vermögen sie zu deuten."

„An alledem sind Luzifer und die gefallenen Engel schuld."

„Engel können nicht fallen, Erek, dann wären sie keine Engel."

„So lehrt es aber die Bibel."

„Es ist viel Menschliches in der Bibel, ich halte mich an die Bergpredigt des Herrn. Das scheint mir der Kern seiner Lehre zu sein, und danach versuche ich zu leben."

Lange fand Erek keine Ruhe. Die Worte des Truchseß bewegten ihn. Er sann und grübelte. Plötzlich fühlte er wieder das leichte Wehen, eine große Stille umfing ihn. *„Glaube und liebe."* Wer sagte es? Erek faltete die Hände: *„Herr, sei mir Sünder gnädig."* Erleichtert schlief er ein.

Ereks fünfundzwanzigster Geburtstag rückte heran. Herzlich gratulierte ihm der Truchseß und überreichte ihm eine Pergamenturkunde. Beglückt las der Ritter, daß er zum Kämmerer ernannt sei. Mit feinem Lächeln wehrte Graf Verdeck den Dank ab.

„Ihr habt es euch verdient."

Eines Morgens fehlt der Truchseß bei der Frühstückstafel. Besorgte Fragen klingen auf. Lichtenau wartet noch eine Weile, dann schickt er einen Diener hinüber. Dieser kommt bald mit verstörtem Gesicht zurück: Der Truchseß ist schwerkrank. Er liegt in seinem Bett und stöhnt. Erek springt auf und eilt in das Schlafgemach des Truchseß. Fast hellsichtig übersieht er die Lage. Der Truchseß hat einen Schlaganfall erlitten, der die rechte Seite lähmte. Matt winkt ihn der Kranke mit der lin-

ken Hand zu sich und zieht ihn in die Nähe seines Mundes. Schwerfällig flüstert er:
„Geht zum Kaiser, sagt ihm, was geschehen. Ich bitte um die Gnade, den Kaiser zu sehen."
Lichtenau richtet sich auf. Zum Kaiser vorzudringen ist nicht leicht, doch will er es versuchen.
Der Kaiser ist in der Frühmesse. Lichtenau muß warten. Die Minuten werden ihm zu Ewigkeiten. Endlich naht Barbarossa mit seiner Gemahlin und Gefolge. Lichtenau tritt vor, beugt das Knie und sagt:
„Kaiserliche Majestät halten zu Gnaden. Der Truchseß Graf zu Verdeck hat einen Schlagfluß erlitten. Er bittet, seinen Kaiser noch einmal sehen zu dürfen."
Barbarossa läßt die Hand der Kaiserin los.
„Der Truchseß wird doch nicht sterben wollen, das wäre ein schwerer Verlust", mehr zu sich selbst scheint er zu sprechen. *„Ich muß zu ihm. Ein Priester begleite mich."*

Ein glückliches, etwas verzerrtes Lächeln zeigt sich auf dem Gesicht des Truchseß, als der Kaiser an sein Lager tritt.
„Aber Verdeck, ihr werdet mich doch nicht im Stich lassen wollen", bringt Barbarossa hervor.
Der Kranke winkt matt, der Kaiser möge sich herniederneigen. Dann hört man die verlöschende Stimme:
„Nehmt Lichtenau zum Truchseß. Er ist noch jung, doch einen Besseren findet ihr nicht. Das ist meine letzte Bitte, mein Kaiser."
Barbarossa ist sichtlich bewegt. Er nimmt die Linke des Truchseß in seine beiden Hände und sagt:
„Ihr seid mir wirklich ein Getreuer bis in den Tod", dann winkt er Erek an das Lager: *„Dem Rate meines treuesten Dieners folgend, ernennen wir euch, Ritter von Lichtenau, zum Truchseß*

unseres Hofes!" Mit einem kraftlosen Händedruck dankt Graf Verdeck. Erek verneigt sich tief und stammelt Dankesworte. Nochmals wendet sich der Kaiser dem Kranken zu:
„Noch hoffe ich, Verdeck, euch mir erhalten zu können."
Der Kaiser verläßt das Gemach, Lichtenau geleitet ihn hinaus. Draußen fragt Barbarossa: *„Habt ihr noch Hoffnung, Ritter?"* *„Ich fürchte, mein Kaiser, der nächste Schlagfluß kann sein Leben beenden."* Der Kaiser geht wortlos.

Als Erek zurückkommt, waltet der Priester seines Amtes. Still zieht sich Lichtenau zurück, um vor der Tür zu warten. Nach einiger Zeit geht der Priester. Erek findet den Kranken seltsam verschönt. Er tritt näher und kniet am Kopfende nieder, da hört er: *„Gott hat mir vergeben, nun kann ich heimkehren."*
Plötzlich bäumt sich der Körper auf, ein schweres Stöhnen, der Truchseß ist verschieden. Erek betet, betet laut mit ganzer Hingabe: *„Nimm ihn auf, Herr, in dein Reich."*
Tief erschüttert erhebt er sich. Er drückt die gebrochenen Augen zu und befestigt den Unterkiefer der Leiche mit seinem Sacktuch. Dann geht er hinaus und gibt die Anordnungen zur Aufbahrung. Mit anderen Rittern abwechselnd, hält er drei Tage lang die Totenwacht.
Es schmerzt ihn, daß seine erste große Amtshandlung der Begräbnisfeierlichkeit Verdecks gilt. Auf Wunsch des Kaisers, der mit seinem ganzen Hofe teilnimmt, soll der Truchseß wie ein Fürst zu Grabe getragen werden.

Viel Volk läuft zur Beerdigung des Truchseß. Sein stilles Antlitz liegt in einem eichenen Sarg. Sein Wehrgehänge liegt ihm über den Knien, und die stillen Hände umspannen das Kreuz Jesu. Die Kerzen flackern im Windzug. Stille ist im Raum. Nur wenige Minuten, dann werden die Würdenträger der Kirche kommen, das Requiem halten und den Sarg schließen lassen. Die Chorknaben nehmen schon Aufstellung. Da tritt Erek von Lichtenau im schwarzen Wams an den Sarg und berührt die Hände des Toten. Es ist ihm, als ob der Tote lächelte, auf seine Art, wie er oft gelächelt hat, mit hereingezogener Unterlippe. Erek von Lichtenau weiß, daß er seinen einzigen Freund begräbt. Die Welt beginnt zu schwanken, der Boden unter seinen Füßen zu zittern. Er nimmt den Gruß des Alten und geht gesenkten Hauptes durch die herandrängenden Edelleute in sein Gemach. Dort versucht er Zwiesprache zu halten mit sich, mit ihm, doch er findet keine Ruhe. Er darf auch nicht fehlen bei dem lärmenden Prunk, der nun veranstaltet wird, so geht er mit festgeschlossenem Munde zurück und mischt sich unter die anderen. Ein Leidträger wie alle, aber nur er wirklich Leid tragend. Die Musik klingt auf, die Chöre singen. Als der Sarg geschlossen ist, merkt Erek von Lichtenau, daß er von allem nichts gesehen und gehört hat. Die Träger heben den schweren Eichensarg. Er schwankt vor die Tür, wo die Pferde stehen, die ihn auf schwarzen Gurten, von einem Pferd zum anderen gespannt, aufnehmen und zur Stätte der ewigen Ruhe bringen.

* * *

Inzwischen sind viele Jahre vergangen. Erek von Lichtenau schaukelt wie ein Schmetterling zwischen den Schönen des Landes. Er hat Spaß an dem Leben gefunden, das ihn als Günstling auf dem Rücken trägt. Wo Erek von Lichtenau auftaucht, dreht die junge Weiblichkeit den Hals, ob es sich um ein Bürgermädchen oder eine Jungfrau von Stand handelt. Er liebt das Leben, er liebt den Wein, er wird mitgerissen, mitgerissen vom Strudel der Welt. Seine Zunge ist gefürchtet, wie auch sein Degen.

Das Kampfglück wechselt. Barbarossa zieht gegen Rom, doch eine Seuche rafft das Heer dahin. Hiobsbotschaft auf Hiobsbotschaft erreicht das kaiserliche Hoflager. Die Kaiserin Beatrix bewahrt die Fassung. Als keine Nachricht vom Kaiser eintrifft, berät sie sich mit Lichtenau.
„Es ist alles in Aufruhr, Kaiserin. Selbst hier in Pavia, das immer treu zum Kaiser stand, ist die Stimmung umgeschlagen. Man fürchtet die Rache der anderen. Ich halte es für das Beste, sich in die Berge zurückzuziehen und bessere Zeiten abzuwarten."
In Beatrix empört sich das Herrscherblut. *„Also Flucht — unmöglich! Den Kaiser im Stich lassen in seiner größten Not?"*
„Ihr könnt dem Kaiser nicht helfen, Kaiserin. Ein gutes Herz allein genügt nicht. Aber ihr würdet seine Lage verschlimmern, wenn ihr in die Hände seiner Feinde fielet." Unaufgefordert fährt Lichtenau fort: *„Noch ist es Zeit, Kaiserin, noch ist Pavia ruhig, noch sind die Wege nach Norden offen, aber wie lange noch, weiß niemand; so wie niemand sagen kann, wo sich der Kaiser befindet."*
Die Kaiserin ringt mit einem Entschluß. *„Laßt mir noch eine Nacht, morgen will ich euch meine Entscheidung sagen."*
Doch Lichtenau läßt nicht locker:
„Morgen kann es schon zu spät sein, Kaiserin. Jede verlorene Stunde kann euer Unheil sein", sagt er mit beschwörender Stimme. Da willigt Beatrix ein. Eiligst zieht sich der Truchseß zurück. In den sinkenden Abend hinein bewegt sich ein großer Reiterzug nach Norden. Nach ein paar Tagen ist Görz erreicht. Der Graf von Görz zeigt sich zwar sehr geehrt, doch rät er, nach Innsbruck weiterzugehen. In seiner festen Burg ist die Kaiserin gesichert gegen alle Zufälle. Hierher gelangen dann auch die ausführlichen Berichte über das große Unglück, das den Herrscher getroffen hat. Italien ist verloren. Der Kanzler

von Dassel tot, der Mann, der mit großem Geschick die Politik des Reiches geleitet, der auf der Höhe seiner Macht sogar den Machtkampf zwischen Kaiser und Papst, der seit Jahrhunderten Ströme von Blut forderte, dahingehend durch eine kaiserliche Verordnung regelte, daß der Papst dem Kaiser, als dem Schirmherren der Kirche und der Christenheit, unterstellt sei. Alle hatten es anerkennen müssen, und Barbarossa stand im Zenith seines Kaisertums. Und nun dieser entsetzliche Sturz. Ein Gottesgericht, raunt es durch die Lande. Der Kaiser, mit wenigen Getreuen, flüchtet über die Berge, er fleht den stolzen Welfen Heinrich kniefällig an, ihm Heerfolge zu leisten, um das Reich zu retten. Der Welfe lehnt rundweg ab. Nun entschließt sich Barbarossa, mit dem Papst Alexander, den er lange Jahre hart bekämpfte, Frieden zu schließen. Durch Vermittlung des Dogen von Venedig kommt in der Lagunenstadt die Versöhnung zustande. Barbarossa küßt dem Papst den Fuß. Dieser, nun ein alter Mann, ersehnt sich Ruhe. Weinend hebt er den Kaiser auf. Vor allem Volke küßt und segnet er ihn. Dem Papste folgt der lombardische Städtebund, auch er erkennt die Oberhoheit des Kaisers an, behält sich aber seine fast völlige Freiheit vor. Barbarossa ist ein Herrscher ohne Macht. In Kostanz am Bodensee beginnen die Friedensverhandlungen, die sich langwierig gestalten.

Nach der Abendtafel hält Barbarossa seinen jungen Truchseß fest. Der Kaiser plaudert gern mit Lichtenau, dessen trockener, scharfer Witz ihn amüsiert und dessen treffsicheren Rat er schätzt.

„Die verdammten lombardischen Krämerseelen verlangen immer mehr Rechte, ich möchte mit der Faust dreinschlagen und sie zum Teufel jagen", ingrimmig sagt es Barbarossa.

„Man muß warten, bis seine Stunde kommt."

„Das weiß ich, Truchseß, ich kann auch warten, ich habe es bewiesen, aber sie machen es mir diesmal zu schwer. Meine Geduld ist bald erschöpft."
„Ihr habt noch andere mächtige Feinde, mein Kaiser, bedenkt das. Es ist sehr gefährlich, einen Feind im eigenen Hause zu haben", sagt Lichtenau leise.
„Ihr meint den Welfen. Sagt es nur, ich weiß, daß ihr ihn nicht mögt."
„Der Herzog von Bayern und Sachsen ist trunken von seiner Macht, wer könnte ihn hindern, nach der Krone zu greifen?" Wie scharfe Nadelstiche wirken diese Worte. Barbarossa versinkt in dumpfes Brüten. Der Truchseß hat recht. Noch einmal ersteht vor ihm das Bild jener Stunde, wo er sich vor dem stolzen Vetter demütigte. Wieder, wie so oft, packt ihn der Zorn bei der Erinnerung an jene Stunde, als er ihn vergeblich um Hilfe bat.
„Der Welfe hat an allem Schuld. Ich werde ihn zerschmettern", knirscht er zwischen den Zähnen hervor.
„Zerschmettern könnten Kaiserliche Majestät den Welfen nicht mehr, dafür habt ihr ihn zu groß werden lassen", wendet Lichtenau ein.
„Der Welfe hat viele Feinde, sie würden frohlocken, wenn ich zum Kampf gegen ihn aufriefe", trumpft Barbarossa auf.
„Er hat viele Feinde, aber auch mächtige Freunde, und er wird nicht zögern, aus den deutschen Landen einen Tummelplatz seiner und fremder Machtgier zu machen. Denkt an den Engländer, den Franzosen, und auch der Däne ist dem Welfen verbunden. Wird es euch möglich sein, gegen alle diese Mächte zu siegen? Und wenn es euch gelänge, was hättet ihr gewonnen? Ein zerstörtes Reich."
Barbarossa schweigt betroffen. Nach langem Sinnen stellt er die Frage:

„Was würdet ihr tun, Truchseß?"
„Mich bescheiden, mein Kaiser. Wer keine Macht hat, kann nicht befehlen. Schließt hier Frieden mit den italienischen Krämern, gleich um welchen Preis. Schließt Frieden mit dem alten Eiferer in Rom, macht Frieden mit den Normannen."
„Das riet mir schon mein Sohn Heinrich, aber er ist kein ehrlicher Kämpfer, er ist ein kalter Rechner und läßt andere für sich kämpfen, während er im Hintergrund bleibt", wehrt der Kaiser brüsk ab.
„Der junge König ist ein kühl überlegender Kopf. Ihr habt recht, aber er sieht die Lage so, wie sie ist, und darum muß ich ihm beipflichten." Der Kaiser will auffahren. Unbekümmert fährt Lichtenau fort:
„Habt ihr hier reinen Tisch gemacht, ist die Kaiserkrone gesichert und Italien beruhigt, könnt ihr mit Bedachtsamkeit Kräfte sammeln, um eure Herrschaft in Deutschland wiederherzustellen. Laßt einmal die anderen für euch kämpfen. Der Herzog von Bayern hat sich schon viele Übergriffe erlaubt, kleinere und größere Herren hat er geschädigt. Ihr habt ihm um des Reiches Willen oft recht gegeben, gegen euer besseres Wissen. Er tut es noch heute, unbeherrschter denn je, da er euch nicht mehr zu fürchten hat."
„Was soll das alles? Wollt ihr mir Vorhaltungen machen, Lichtenau?" Ein Grollen ist in der Stimme des Kaisers.
„Nichts ist mir ferner, Kaiserliche Majestät. Ihr fragtet, was ich tun würde, war es nicht so?"
„Nun redet schon", unwillig fordert es Barbarossa.
„Ihr müßt den Herzog von Bayern in seinem eigenen Netz fangen, bis er verstrickt darin am Boden liegt. Es muß dafür gesorgt werden, daß alle die, denen der Herzog Unrecht zufügte, auf den Reichstagen ihn als Friedensbrecher anklagen. Die Reichstage werden den Welfen gern verurteilen, denn er ist allen zu mächtig,

und euch, mein Kaiser, fällt dann nur die Aufgabe zu, den Willen des Reiches, seiner Fürsten und Stände zu bestätigen und mit ihrer Macht durchzuführen. Wie oft verletzte der Herzog das Recht und bricht es immer wieder, es ist also nicht besonders schwer, ihn zu Fall zu bringen. Nur ihr, der Kaiser, dürft nicht in der vordersten Linie kämpfen, sondern ihn langsam durch die Organe des Reiches einzingeln, bis er erledigt ist."

„Nicht schlecht, Lichtenau, nur schwer. Es fiel mir in meiner Jugend leichter, abzuwarten und mich zurückzuhalten. Wer die größte Macht errungen und gekostet hat, kann sich nicht leicht bescheiden und auf leisen Sohlen gehen, wo er dreinschlagen möchte. Aber ich sehe ein, es geht diesmal nicht anders. Ich werde eurem Rat folgen, Truchseß."

Das Kesseltreiben gegen den Welfen beginnt. Lichtenau stürzt sich mit einem wahren Feuereifer in die Sache. Dieser hochmütige Draufgänger ist ihm in der Seele verhaßt. Mit jenem brutalen Schulterschlag in Konstanz begann die Abneigung, und sie vertiefte sich mit den Jahren. Wie oft hatte der Truchseß die rüden Anmaßungen des Herzogs in ohnmächtiger Wut ertragen, aber vergessen hatte er es ihm nicht. Seit Jahren schürte er insgeheim den Unwillen, der hier und da schon zutage getreten war. Er mußte sehr vorsichtig dabei zu Werke gehen, denn der Kaiser hielt unentwegt zu seinem Vetter, und hätte es nicht geduldet, daß sein Truchseß gegen den Herzog auftrat. Jetzt war Lichtenaus Stunde gekommen. Mit Erlaubnis des Kaisers bereiste er die deutschen Lande, kehrte bei diesem Fürst, bei jenem Bischof ein.

Er wird überall mit offenen Armen aufgenommen, denn den lustigen Lichtenau mit seiner boshaften Zunge haben sie alle gern, wenn sie ihn auch ein wenig fürchten, weil er ihnen überlegen ist. Er ist ein guter Zecher, ein Freund der Frauen. Er

spielt auf der Leier und singt schmelzende Lieder, es können aber auch solche ätzenden Spottes sein, daß sich die Bäume krümmen vor schadenfrohem Gelächter. Vor nichts macht dieser Spott halt, nur die Kaiserlichen Majestäten bleiben verschont.
Lichtenau schürt den Brand gegen den Welfen, in seinem Rauch wird der Stolze ersticken. Es gelingt. Viele Ankläger treten auf, darunter Fürsten und Grafen des Reiches. Als der Welfe zum dritten Gerichtstag, zu dem er, wie zu den vorangegangenen geladen, nicht erscheint, ist nach dem Gesetz die Handhabe gegeben, ihn als Friedensbrecher und Landesverräter zu ächten. Barbarossa spricht die Reichsacht aus. Der Welfe wird auf drei Jahre des Landes verwiesen, seiner heimatlichen Titel und Besitztümer für verlustig erklärt. Er ist vogelfrei geworden, jeder hat das Recht, ihn niederzuschlagen wie einen tollen Hund. Mit der Acht werden alle seine Lehnsherren und -männer ihres Eides entbunden, seine Herzogtümer fallen in die Hand des Kaisers zurück, der in Bayern den getreuen Otto von Wittelsbach zum Herzog einsetzt und Sachsen aufteilt. Der Welfe geht in englisches Gebiet, in die Normandie, die zur englischen Krone gehört.

Der Kaiser hat gesiegt ohne einen einzigen Schwertstreich. Aus Dank erhebt er Lichtenau zum Grafen des Reiches. Mehr denn je wird der neue Graf sein Vertrauter. Er bespricht mit ihm seine geheimsten Sorgen, auch die seiner Familie.

„Mein Sohn Heinrich macht mir Kummer. Er ist so verschlossen, ich weiß nie, was ich von ihm halten soll. Wenn ich seine kalten Blicke fühle, läuft mir eine Gänsehaut über den Rücken. Man muß ihn verheiraten, vielleicht ändert er sich. Aber mit wem?"
„Ich hörte, daß der Kaiser von Byzanz nicht abgeneigt ist, sein

Haus mit dem euren zu verbinden", der Truchseß zeigt sein ironisches Lächeln. *„Vielleicht ist eine Byzantinerin geeignet, dem Kaltblüter Leben einzuhauchen."*
„Byzanz ist ein geschwächtes Reich, Truchseß. Byzanz ist weit, es kann uns weder nützen noch schaden", meint sinnend der Kaiser.
„Wie wäre es mit der Königstochter der Normannen, Konstanze. Sie ist zwar 10 Jahre älter als Heinrich, vielleicht gerade darum geeignet, ihm als Eheweib zu dienen."
„Ihr seid ein Spötter, Truchseß", der Kaiser lacht. *„Dieser bleiche schmalbrüstige Kümmerling Heinrich, und dieses temperamentvolle, starke Weib."*
„Das wäre gut, Kaiser, wenn ihr an die Nachkommen denkt. Überhaupt wäre diese Verbindung eine gute. Der König der Normannen ist alt und kann nicht mehr lange das Reich beider Sizilien regieren. Eines Tages wird Heinrich König des Normannenreiches, und damit wird das Reich der Staufer Rom in die Zange nehmen", Lichtenau lächelt. Er sieht das Aufblitzen in Barbarossas Augen. Dieses Argument hat gesessen.
„Das ist eine gute Idee, Lichtenau, ich werde sie weiter verfolgen lassen. Ich glaube kaum, daß Heinrich dagegen sein wird, denn es ist eine gute und klare Rechnung. Ihr seid doch ein Teufelskerl, Lichtenau."

Bin ich wirklich ein Teufelskerl?, denkt Lichtenau, als er sich zur Ruhe begibt. Teufelskerl ist ein unangenehmer Ausdruck. Ach was, Lichtenau verscheucht die trüben Gedanken. Ist er nicht ein Mächtiger, wird er nicht hochgeachtet und geliebt? Geliebt? Wieder lächelt er spöttisch. Er braucht nur die Hand auszustrecken, so fallen sie ihm zu. Schon manche Schöne schlich tief verschleiert nachts zu ihm, und wenn er sie genossen, scheuchte er sie fort, wie man eine lästige Fliege verjagt. Er hat vielleicht nur eine geliebt, Editha, aber das ist lange vergangen. Er kann sich kaum noch an sie erinnern. Es war schön; er sah die Welt noch anders als heute. Er spürt in sich eine Leere. Er hat alles erhalten, was er sich in seinen Jugendträumen gewünscht. Glanz und Reichtum umgeben ihn, den einstmals so armen Ritter von Lichtenau. Er hat auch die Macht gekostet, die er ausübt auf Hoch und Niedrig, und die Macht schmeckt süß. Und doch quält ihn Unruhe, die er sich nicht erklären kann. Er fürchtet sich förmlich vor dem Alleinsein. Er betäubt sich in Trinkgelagen mit Gleichgesinnten. Er gibt sich wilden Ausschweifungen hin. Seine Sinne sind überreizt und suchen immer neue Reize. Mit raffinierter Bosheit zerstört er reines Denken, beschmutzt reine Seelen mit seinen Leidenschaften. *„Ein Teufelskerl"*, sagt der Kaiser. So bin ich dem Fürsten der Schatten verfallen, lähmend durchzuckt dieser Gedanke sein grübelndes Gehirn. Ein Hauch umweht ihn, läßt ihn frösteln. Da raunt eine Stimme in ihm: *„Du bist es, Erek, halte ein auf dem Wege, der dich in den Abgrund reißt."* Starr vor Entsetzen wagt Lichtenau keine Bewegung.

* * *

Mürrisch und seltsam gereizt ist der Truchseß in der nächsten Zeit. Alles geht ihm aus dem Weg, soweit dies möglich. Er trinkt wie ein Verdurstender, aber selbst im Rausch verläßt ihn die Unruhe nicht, so trinkt er weiter, bis man einen Besinnungslosen auf sein Lager trägt. Den Truchseß, den stolzen Grafen von Lichtenau, peitscht die Angst. Er fürchtet überall Verrat, er mißtraut sogar seinen treuesten Dienern. Dieses Leben bleibt nicht lange verborgen. Seine Feinde sorgen dafür, daß der Kaiser davon erfährt.

„Was habt ihr, Lichtenau? Ihr saufet wie ein Schwein, vernehme ich. Man kann alles tun, aber mit Maß, sonst zerstört man sich." Wohlmeinend sind die Worte des Herrschers. Lichtenau erschrickt. Soweit ist es schon. Etwas stockend entschuldigt er sein Verhalten mit Überarbeitung. *„Dem ist abzuhelfen, geht in eure Heimat, Lichtenau, es wird euch gut tun, und euer Vater wird sich freuen."* Lichtenau dankt. Ja, er will fort zum Vater. Der Vater ist doch noch der einzige Mensch, der ihn liebt, denn Abt Bernard und Barbara sind schon hinweggegangen.

Ohne Gefolge, nur von zwei Knappen begleitet, macht sich Lichtenau auf den Weg. Als er in den Burghof sprengt, kommt ihm der alte Kellermeister entgegen. Blinzelnd schaut er zu ihm auf, dann macht er ein ganz bedrücktes Gesicht.
„Grüß Gott, Alter, kennt ihr mich nicht mehr?" ruft Lichtenau vom Pferd herunter.
„Doch, junger Herr", antwortet der Alte mit leiser Stimme.
„Was ist in euch gefahren, seid ihr so alt geworden, daß ihr kein Wort mehr findet für mich?" Ungeduld ist in des Truchseß Stimme.
Da füllen sich die Augen des Alten mit Tränen: *„Der gute Herr ist heimgegangen."*
Ein durchdringender Schrei entringt sich Lichtenaus Kehle. Der Vater tot! So ist er ganz allein.
„Wo ist mein Vater, wo habt ihr ihn hingebracht?" tonlos ist die Stimme.
„Er ruht im Klostergarten neben eurer Mutter. Es war sein letzter Wunsch."
Wortlos reißt Lichtenau das Pferd herum, donnernd hallen die Hufe über die Zugbrücke. Der Truchseß reitet wie ein Besessener, als hoffe er noch, den Vater zu erreichen. Ungestüm rührt er den Klopfer an der Pforte der Abtei. Der Pater Pfört-

ner öffnet, und an ihm vorbei stürzt Lichtenau durch die ihm wohlbekannten Gänge dem Klostergarten zu. Bald findet er das Grab des Vaters. Blumen blühen auf ihm. Wie ein gefällter Baum bricht Lichtenau zusammen. Seine Hände verkrampfen sich in die kühle Erde, die die leibliche Hülle desjenigen trägt, dessen selbstlose Liebe seine Jugendzeit mit ihrem Glanz erhellte. „*Vater, Vater, dein Erek ist hier*", stammeln die zuckenden Lippen immer wieder.
Keine Antwort erfolgt. Als der Schmerz nachläßt, der sein Inneres durchtobt, richtet sich Lichtenau wie zerschlagen langsam empor. Dann geht er mühsam schreitend von dannen. Er kehrt nicht zurück auf die Burg, er fürchtet sich vor ihren leeren Räumen. Er bittet den neuen Abt um Obdach für die Nacht und beauftragt die ihm gefolgten Knappen, den Burgwart den anderen Morgen zu ihm zu bringen. Der Abt Martin läßt Lichtenau mit feinem Taktgefühl allein. Die Abendglokke läutet. Die Mönche gehen durch die Gänge zur Abendandacht. Leise hat sich Lichtenau erhoben, er horcht auf den Gang hinaus, feierlicher Gesang erschallt aus der Kapelle herüber. Da löst er sich vom Türpfosten, und, jedes Geräusch möglichst vermeidend, nähert er sich. Vorsichtig klinkt er die Tür auf, tritt behutsam, etwas scheu, ein. Ganz hinten an der Tür kniet er nieder. Er kann nicht beten, die Kehle ist ihm wie zugeschnürt. Er starrt wie abwesend auf den Altar, auf dem, vom Schein der Kerzen beleuchtet, ein segnender Christus thront. Lichtenau sieht nur noch das Gesicht des Heilandes, die Augen scheinen ihn traurig anzublicken. Gebete, abwechselnd mit den heiligen Liedern seiner Jugendzeit, umwehen ihn, er hört sie kaum. Er kniet mit gefalteten Händen und starrt mit weitaufgerissenen Augen zu dem Christus hinüber. In ihm ist die Stille des Erschöpften. Die Andacht neigt sich ihrem Ende zu, der Abt spricht den Abendsegen. An Lichte-

nau vorbei verlassen die Mönche die Kapelle. Als Letzter tritt der Abt Martin heran. Er neigt sich hernieder zu dem Knieenden, leicht streichelt er ihm über das wirre Haupthaar, dann sagt er leise, indem er das Zeichen des Kreuzes vollführt: „*Der Herr segne euch und behüte euch auf euren Wegen.*" In Lichtenau löst sich der Krampf seiner Seele, die Erstarrung weicht von ihm. Er erfaßt die Rechte des Abtes und küßt sie. Wieder segnet ihn dieser und läßt ihn allein.

Am anderen Morgen übergibt Lichtenau dem Abt die Burg und das Lehensgut zur Verwaltung und bestimmt, daß alle Einkünfte ungeschmälert der Abtei zufließen sollen. Er bittet, dafür den Eltern jede Woche eine Seelenmesse zu lesen. Der Abt dankt und nimmt das Angebot an. Lichtenau verabschiedet sich von ihm und dem Burgwart und reitet wieder Konstanz entgegen.
Kaiser und Kaiserin zeigen herzliche Teilnahme und bemühen sich, den Truchseß abzulenken. Allmählich kommt Lichtenau wieder in das alte Gleis. Bald ist alles vergessen; der Truchseß ist wieder der Alte. Turniere und Festlichkeiten aller Art wechseln in bunter Reihenfolge. Ihre Seele ist der Graf von Lichtenau. Spielleute und Gaukler aus aller Herren Länder bevölkern die alte Reichsstadt. Sie dienen gern dem Truchseß, denn er ist freigiebig, wenn er sie braucht. Oft sucht er sie auch bei anbrechender Nacht in den Schenken auf, in denen sie verkehren. Ihr freies, ungebundenes Leben zieht ihn an; nach all dem Prunk und der feinen Lebenskunst am Hof, zieht es ihn in diese Spelunken, wo man ungehemmt seinen Lüsten fröhnt, die Gier nach Lebensgenuß in ungeschminkter Weise austobend. In diesem Inferno der Leidenschaften vergißt Lichtenau seine Unruhe, betäubt sich und seine Sinne. Ermattet schleicht er, schließlich angeekelt,

heim, um immer wieder dorthin zurückzukehren. Wie oft nach solchen Nächten hat er das Bedürfnis nach reiner Luft. Er läßt sein Pferd satteln und jagt hinaus. Am See, an einer stillen Stelle, bindet er das Pferd an, entledigt sich seiner Kleidung und schwimmt weit hinaus. Er liegt auf dem Rücken und läßt sich treiben, nur geringe Schwimmbewegungen verhindern das Untersinken. Ihn überkommt ein Gefühl der Schwerelosigkeit, wenn er so, in den blauen Himmel schauend, auf den Wellen wiegt. Am Strand liegend, läßt er sich von den Sonnenstrahlen trocknen, bevor er wieder sein Gewand anlegt und aufs Pferd steigt. Ungern verläßt er die stille Stätte, die ihm ein Kraftborn ist, um sich wieder in den gewohnten Wirbel zu stürzen.

In langsamem Trab reitet der Truchseß der Stadt zu, schon erkennt er ihre bewachten Mauern und Türme; da sieht er auf dem Feld eine liebliche Mädchengestalt. Sie ist in gebückter Haltung und scheint Blumen zu pflücken. Lichtenau erfreut sich an dem schönen Bild. Vorsichtig reitet er näher. Das Mädchen richtet sich erschreckt auf und will davonlaufen. Da ist Lichtenau schon vom Pferd, tritt auf sie zu, verneigt sich vor ihr und sagt: „*Verzeiht, schönes Kind, wenn ich euch störte. Ihr gehört zu diesem schönen Morgen, es ist, als ob Aurora mir in höchsteigener Person erschiene.*" Verlegen steht das schlanke Mädchen, eine zarte Röte liegt auf dem reinen Gesicht, auf dem Kopfe trägt es, wie eine Krone, das Geflecht seiner ährenblonden Haare, die in der Morgensonne wie Goldseide leuchten. Die großen blauen Augen sind scheu auf den Grafen gerichtet. Seine natürliche Anmut und das Fluidum der Unberührtheit, das von dem Mädchen ausgeht, lassen Lichtenau den Ton wechseln, zwingen ihn unwillkürlich zur Ehrerbietung. Er fragt höflich: „*Wer seid ihr, mein Fräulein, und für wen pflückt ihr all' diese schönen Blumen?*" „*Ich bin Adelheid Mers-*

win, meines Vaters Haus liegt dort drüben am See", sie weist mit der Rechten auf ein turmartiges Gebäude, unweit der Mauern der Stadt. Der weiche Wohlklang ihrer Stimme rührt Lichtenau. Er sagt: *„Euer Vater kann sich glücklich schätzen, euch als Tochter zu haben. Wer ist euer Vater?" „Der Vater ist Alchimist und deutet die Sterne in mancher Nacht." „Dann ist er also ein sehr gelehrter Mann, und es wäre mir eine Ehre, euren Vater kennenzulernen. Würdet ihr mich zu ihm führen?"* Das Mädchen zögert. Was wird der Vater sagen, wenn sie einen vornehmen Fremden ins Haus bringt? Lichtenau errät ihre Gedanken.

„Ihr werdet dem Vater sagen, daß ich ihn suchte, um mein Geschick aus den Sternen erforschen zu lassen", zuerst lächelnd, dann plötzlich ernst werdend, sagt es der Truchseß. Er ist wirklich froh, das Mädchen getroffen zu haben. Vielleicht kann er einen Blick in die Zukunft tun. Halb überzeugt willigt das Mädchen ein. Lichtenau geht neben ihm her, das Pferd an der Leine hinter sich führend. Vor dem Turm angekommen, den ein kleines Gärtchen umgibt, an dessen Zaun der Truchseß das Pferd anbindet, eilt das Mädchen voran und rührt den Türklopfer. Bald wird die Tür geöffnet, eine Frau in mittleren Jahren wird sichtbar.

„Mutter, hier ist ein feiner Herr. Er will den Vater sprechen. Der Vater soll ihm sein Schicksal deuten aus den Sternen", sprudelt Adelheid hervor. Lichtenau tritt mit einer höflichen Verneigung näher, die Frau knickst etwas unbeholfen. *„Tretet näher, Herr Ritter, ich werde meinen Mann rufen."* Mit diesen Worten verschwindet sie eilends, es der Tochter überlassend, den Truchseß in ein niedriges, einfaches Gemach zu führen.

„Ich möchte euch gern wiedersehen, mein Fräulein, seid ihr morgen wieder am See?", fragt Lichtenau, indem sein Blick die blühende Gestalt umschließt. Das Mädchen errötet bei dieser

Frage und antwortet:
„Was könnte euch an meiner Gesellschaft gelegen sein, Herr Ritter, ich bin nur ein kleines Mädchen und vermag euch nichts zu bieten."
„Ihr erfreut mich allein durch eure Gegenwart, und darum bitte ich euch wiederzukommen, wollt ihr?" Adelheid verspricht es, dann huscht sie hinaus mit den Worten:
„Ich glaube, der Vater kommt."
Herein tritt ein älterer Mann, der Alchimist und Astrologe Ulrik Merswin. Lichtenau erhebt sich, nennt seinen Namen und bringt sein Begehren vor. Unergründlich lächelt das stille Gesicht. *„Gern, Herr Ritter, ich will es versuchen. Nennt mir Zeit und Stunde eurer Geburt."*
„Am 3. Oktober anno domini 1143", erwidert Lichtenau, und nach kurzem Nachsinnen fährt er fort: *„Wie mir erzählt wurde, wurde ich in der dunkelsten Nacht, wenige Minuten nach 3 Uhr, geboren."*
Der Alte nickt.
„Ich werde erkunden, welche Sterne eurem Eintritt leuchteten und eure Lebensbahn erforschen, nur müßt ihr mir Zeit lassen."
„Wann kann ich wieder zu euch kommen?" fragt Lichtenau.
„In vier Wochen, wenn es euch recht ist, glaube ich so weit zu sein", antwortet Merswin.
Gern hätte der Truchseß noch verweilt, aber der Alchimist öffnet schon die Tür, um Lichtenau hinauszugeleiten. Höflich verabschiedet sich Erek, um heimzureiten. Noch einmal gleitet sein Blick über den Turm, da glaubt er in einer der kleinen Fensteröffnungen des Mädchens Gesicht zu erspähen. Er winkt verstohlen hinauf.
Am nächsten Morgen ist der Truchseß frühzeitig zur Stelle. Nach einer Weile kommt Adelheid. Er geht auf sie zu und dankt für ihr Erscheinen. Das Gespräch will nicht recht in

Gang kommen, dem sonst so Redegewandten fehlen die Worte, er weiß nicht recht, wie er beginnen soll. Er fragt nach den kleinen Dingen ihres Lebens, und allmählich vertraulicher werdend, erzählt Adelheid. Lichtenau berührt ihre Einfalt. Wie rein sie ist, so völlig unberührt von der Welt. Es müßte schön sein, ihr diese Welt zu zeigen, denkt er. Dann spricht er zu ihr von dieser Welt, er malt sie in verführerischen Farben, und gebannt, mit glänzenden Augen, hört das Mädchen zu. Seine Worte erwecken die Sehnsucht in ihr nach dieser schillernden Welt, von der sie nur wenig bisher vernommen. Lichtenau ist in Fluß gekommen, leise schwingt sein Werben an:

„*Ihr könntet das alles erleben, wenn ihr mir vertraut und euch von mir hineinführen ließet*", sagt er einschmeichelnd. Adelheid schüttelt den blonden Kopf.

„*Das wird nicht gehen, niemals läßt mich der Vater ziehen*", fast bekümmert sagt sie es.

„*Wenn ich euch liebte und zu meinem Weibe nähme, würde euer Vater nichts dagegen haben*", versucht Lichtenau ihre Bedenken zu zerstreuen. Flammende Röte übergießt Adelheids Gesicht.

„*Ihr mich lieben — das glaube ich nimmer. Was solltet ihr auch mit mir, ihr müßtet schon ein Edelfräulein freien, das zu euch gehört*", sagt sie bestimmter werdend. Lichtenau lacht hell heraus. Diese köstliche Unschuld.

„*Wenn ich nun aber euch will und kein Edelfräulein?*" Mit einem Griff zieht er sie an sich und drückt der Widerstrebenden einen Kuß auf den Mund. Ganz empört entwindet sich das Mädchen seiner Umarmung. „*Das dürft ihr nie wieder tun!*" Zornig ruft sie es, die Augen funkeln Lichtenau an.

„*Verzeiht, mein Fräulein, aber euer Liebreiz überwältigte mich*", sagt er bittend.

Adelheid lächelt schon wieder. Dadurch mutiger werdend, dringt Lichtenau weiter in sie. Er erzählt ihr vom Tode des Vaters und daß sein Leben trotz allen Glanzes einsam und leer ist. Das rührt an ihr empfindsames Herz. Ohne Vater und Mutter, ganz allein in der Welt, stellt sie sich schrecklich vor. Sie empfindet Mitleid mit dem vornehmen Ritter, und als er sie zum Abschied darum bittet, reicht sie ihm den vollen Mund zum Kuß dar.

In Lichtenau schwingt die Freude. Tag für Tag sucht er die Nähe Adelheids, und mehr und mehr verfällt sie ihm. Sie schleicht sich abends aus dem Vaterhause, in einem Boot bringt er sie auf eine Insel, und diese Insel wird zum Paradiese ihres heimlichen Glückes. Er erringt sie ganz, und sie erblüht ihm zu einem liebenden Weibe, das ihn in keusche Zärtlichkeiten einhüllt.

* * *

Die Friedensverhandlungen mit den lombardischen Städten kommen zum Ende. Ein großes Fest bildet den glänzenden Abschluß. Der Hof verläßt Konstanz, Barbarossa hat einen Reichstag nach Mainz einberufen. Lichtenau räumt im Drange der Geschäfte wenig Zeit ein, um zu Adelheid zu kommen. Oft muß sie wehmütigen Herzens nach langem Warten ins Haus zurückkehren. Am Abend vor der Abreise des Trosses weilen die beiden Liebenden wieder auf der Insel. Lichtenau beschwört das weinende Mädchen, mit ihm zu gehen, er würde alles tun, daß sie nichts vermisse an seiner Seite. Adelheid ringt mit sich. Es ist der erste schwere Kampf ihres jungen Lebens. Soll sie den Eltern das große Leid zufügen und dem Geliebten folgen? Aber kann sie ohne Erek leben, dem sie mit

allen Fasern ihres Herzens zugetan? Endlich willigt sie ein. In einem Meer von Zärtlichkeiten versinken die beiden Menschen, nur die Sterne schauen zu und funkeln in der stillen Nacht.
Als des anderen Tages der Troß wegzieht, ist auch Adelheid mit verschwunden. Das ist das größte Leid für Ulrik Merswin. Verzweifelt sucht er die Tochter in allen Gassen der Stadt. Ein gebrochener Mann, kehrt er in seine stille Klause zurück zu seinem weinenden Weibe. Da verflucht der Alte den Verführer: *„Die Pest soll den Schurken fressen bei lebendigem Leibe!"*

* * *

In Mainz herrscht ein ungeheurer Festtrubel. Wohl an die vierzigtausend Menschen, Fürsten, Bischöfe, Grafen und zahllose Ritter und Knappen sind zusammengeströmt, dazu ungezähltes Volk. Barbarossa ist glücklich, das Reich ist wohlgeordnet und befriedet. Er gibt sich ganz der Freude dieser Tage hin. Auch Lichtenau scheint wie verjüngt. Er hat Adelheid in einem vornehmen Gasthaus untergebracht, und jede freie Stunde, die er erübrigen kann, verbringt er bei ihr. Hier in dieser Stadt erlebte er seine erste große Liebe, die so unglücklich endete, und nun scheint ihm das Schicksal den Ausgleich zu geben. Adelheid lebt nur noch für ihn, wie eine Traumwandlerin schreitet sie einher, so sehr hat diese Liebe von ihr Besitz ergriffen. Ist Erek fort, bebt sie mit zitterndem Herzen dem Augenblick entgegen, wo er sie wieder in seine Arme nimmt, dann versinkt für sie die Welt. Es versinkt auch der Schatten, den das Leid, das sie den Eltern bereitete, in stillen Stunden auf ihre Seele wirft. Täglich ist sie im Dom zu finden, wo sie, in inbrünstige Gebete versunken, die hochheilige Maria um Fürbitte anfleht. Dieser tiefe Glaube Adelheids ist es auch, der Lichtenau immer wieder zu einer ehrerbietigen Haltung zwingt. Wenn sie davon spricht, ist sie wie verwandelt. Ihre Augen leuchten, das schöne Gesicht scheint wie verklärt. Mit unerklärlicher Scheu betrachtet dann der Truchseß seine Geliebte. Er kann ihr darin nicht folgen, er fühlt sich unterlegen, aber mit keinem Wort wagt er, an ihrem Glauben zu rütteln. Sie ist mein guter Engel, denkt er, und nimmt sich vor, sie nie zu betrüben.

Kurze Zeit nach den Festtagen von Mainz erkrankt die Kaiserin. Ein tückisches Fieber rafft sie hinweg. Erschüttert steht Barbarossa an der Bahre seiner treuen Lebensgefährtin, die Glanz und Reichtum ebenso mit ihm teilte wie Zeiten des Leidens und der Not, die ihm in dem wirren Auf und Ab seines Weges stets eine tapfere und gute Kameradin gewesen war. Mit größtem Gepränge wird die Kaiserin Beatrix im Dom zu Speyer zur letzten Ruhe gebettet.

Wieder ist es Lichtenau, der den Kaiser in seiner Vereinsamung tröstet. Oft sprechen sie nächtelang von der Toten und lassen ihr Bild in leuchtenden Farben wieder lebendig werden. Die Zeit heilt, und langsam findet sich Barbarossa mit dem Verlust ab.
Der Plan der Verheiratung des jungen Königs Heinrich nimmt festere Formen an. Verhandlungen mit dem König Wilhelm von Sizilien werden gepflogen. In Augsburg unterschreiben die beiden Herrscher den Ehevertrag, und alle Welt ist glücklich über diese Verbindung, bietet sie doch die Gewähr, daß sie den Frieden festigen wird.
Die Kirchenglocken dröhnen über Mailand. Der Sohn des Stauferkaisers vermählt sich mit der Königstochter der Normannen. Auf der hohen Empore wohnt Adelheid der kirchli-

chen Feier bei. Der Truchseß hat ihr einen bevorzugten Platz zuweisen lassen. Adelheid schaut entzückten Auges in diese prächtige Welt, zu der sie nicht gehören kann. Sie sieht den Geliebten in glänzendem Gewande seines Amtes walten, verstohlen blickt er gelegentlich zu ihr auf, und sie grüßt ihn mit einem Lächeln. Jetzt wird ihr erst in ganzer Tragweite klar, welche Kluft sie von Lichtenau trennt. Vor Gott und ihrem Herzen ist sie schon lange sein Weib, für die Welt ist sie die Buhle des Reichsgrafen von Lichtenau. Schmerzlich verzieht sich ihr Mund. Ihre Liebe hieß sie diesen Weg gehen, und nun ist sie eine Ausgestoßene. Wohl ist man freundlich zu ihr, aber an den Blicken und aus gelegentlich aufgefangenen Worten merkt und weiß sie, daß man sie nicht achtet. Sie wagt auch nicht, zur Beichte zu gehen, denn sie fürchtet das Unverständnis des Priesters. Zu Erek spricht sie nie darüber. Sie will ihn nicht damit belasten. In ihren Gebeten fleht sie nur immer wieder, daß ihr seine Liebe erhalten bleibe, sie ist der einzige Halt ihres Lebens geworden.

Wenige Tage später kommt Lichtenau mit einem bekümmerten Gesicht. Sein Mund ist verkniffen, die Augen sind glanzlos und schauen an ihr vorbei. Adelheid erschrickt. Was ist geschehen? Schließlich fragt sie ihn. Er sieht sie an und schweigt, als ringe er um eine Antwort. In seinem Blick ist etwas, was ihr Herz bange schlagen läßt. *„Was hast du, Erek, du bist so verändert?"*

„Ich bin deiner nicht würdig, Adelheid, gib mich frei."

Ein Schrei entringt sich ihren Lippen, sie wankt und wäre gestürzt, wenn Lichtenau sie nicht aufgefangen hätte.

„Aber ich liebe dich doch so sehr."

Das verschließt ihm den Mund. Er darf ihr nicht erzählen, daß er in sein altes Luderleben zurückfiel, den Künsten einer

schönen Zigeunerin erlag und mit Arisha viele Stunden der Leidenschaft verbrachte. Er streichelt Adelheid, küßt sie scheu und bittet, seine Worte zu vergessen. Schwer beruhigt sich das Mädchen. Ein Riß ist aufgetan, sie fühlt etwas Fremdes, Feindliches. Wie Halt suchend, schmiegt sie sich in seine Arme und sagt leise:
„*Ich will nicht wissen, was geschah, mein Herz gehört dir, Erek, heute und immer, stoße es nicht von dir, du würdest es zerbrechen.*"
Lichtenau schweigt bedrückt. Liebt er sie noch? Er weiß es nicht. Ist er überhaupt einer großen Liebe fähig, zuckt es ihm durch den Kopf. Er findet keine Antwort.
„*Was nennt ihr Liebe?*", die Worte des seligen Verdeck werden wieder wach. Was nennt er Liebe, grübelt er vor sich hin. Könnte er alles aufgeben um dieses Mädchens willen, stellt er sich die Frage. Er könnte es nicht, also liebt er sie nicht, wie sie ihn liebt, die ihm alles opferte. Zum erstenmal empfindet er diese große Liebe als Fessel. Aber kann er sich noch freimachen, ohne ihr Leben zu gefährden? Wie leicht war es mit den anderen, die seinen Weg kreuzten. Er weiß sich keinen Rat.

In den folgenden Tagen scheint er ganz der Alte zu sein. Adelheid blüht wieder auf, jene Stunde ist vergessen. Da sagt er ihr, daß der Kaiser nach Rom gehe und sie sich für eine Weile trennen müßten. Erstaunt fragt Adelheid:
„*Warum nimmst du mich nicht mit?*"
Lichtenau antwortet mit Ausflüchten. Der Aufenthalt in Rom werde nur ein kurzer sein, und auf dem Rückweg würde er sie wieder mitnehmen. Adelheid ist still geworden. Sie kann nichts dagegen sagen, sie will ihn auch nicht bitten, aus der Furcht, ihm zu mißfallen. Erek nimmt dieses Schweigen als Zustimmung. Er zieht sie sichtlich befreit in seine Arme und

erzählt ihr, daß er sie solange im Hause der Contessa Bianca Conti unterbringen würde. Die Contessa sei eine gute Freundin von ihm und war bisher eine der Frauen der verstorbenen Kaiserin. Die Contessa sei sehr fromm und werde gut für sie sorgen. Innerlich widerstrebend, stimmt Adelheid zu. In ihr ist das Gefühl nahenden Unheils. Aber was kann sie tun? Sie muß seinem Willen folgen, es bleibt ihr nichts anderes übrig.

Schon am nächsten Tage übersiedelt Adelheid in den Palazzo Conti, von der Gräfin Bianca, einer älteren vornehmen Dame, freundlich aufgenommen. Lichtenau verabschiedet sich in alter Herzlichkeit und besteigt sein Pferd, dem vorangezogenen Troß nachreitend.
Adelheid leidet unsagbar unter der Trennung. Mit stiller Fürsorge umgibt die Gräfin das vereinsamte Mädchen. Eines Abends, als beide von der Maienandacht heimkehren, beginnt die Gräfin von dem Truchseß zu sprechen.
„Er ist ein guter Mensch, der Lichtenau, nur in sich sehr zerrissen. Er möchte vielleicht gern den Weg zum Glauben zurückfinden, aber die Welt, in der er lebt, hält ihn mit tausend Banden fest. Ihr werdet noch viel Leid ertragen müssen, wenn ihr euch nicht von ihm lösen könnt."
Adelheid ist erstarrt:
„Niemals werde ich mich von ihm lösen, denn ich gehöre ihm ganz. Alles will ich ertragen, nur ihn lassen kann ich nicht."
„Auch nicht, wenn er euch lassen will?"
„Niemals." Wie ein Schwur steht das Wort im Raum.
Die Gräfin ist betroffen. In ihr wallt tiefes Mitleid auf. Sie nimmt Adelheids Rechte in ihre beiden Hände:
„Ihr könnt auf mich rechnen, mein Kind, ich werde euch helfen."
Sie steht auf und berührt einen Gong. Der eintretenden Dienerin befiehlt sie, den Majordomus zu ihr zu schicken. Kurze

Zeit darauf erscheint der Gerufene.
„Wir reisen nach Rom, Sebastiano. Das Fräulein wird uns begleiten."
Der Majordomo verneigt sich und geht.
„Was wollt ihr tun, Contessa?" Freudig überrascht fragt es Adelheid.
„Das werdet ihr sehen. Ich weiß es selbst noch nicht, aber ich werde es wissen, wenn es soweit ist. Nun schlaf gut, damit ihr morgen frisch seid und wir reisen können."
Der kleine Zug verläßt am nächsten Tag Mailand. Während Adelheid reitet, sitzt die Contessa in einer Sänfte, die von zwei Pferden getragen wird. Der Majordomus und einige bewaffnete Knechte, ebenfalls beritten, bilden das Geleit.
Wochen gehen dahin, bis endlich von Ferne die Türme Roms sichtbar werden. In Adelheid ist bange Ungeduld. Was wird geschehen, wenn sie Erek gegenübertritt?

In einem Kastell, einem Verwandten der Contessa gehörig, das vor den Toren der Ewigen Stadt liegt, wird abgestiegen. Die Contessa sendet den Majordomus zum Truchseß und läßt ihn zu sich bitten.
Lichtenau ist erstaunt, die Contessa Conti im Castello Farnese zu wissen. Was mag sie wollen? Was macht Adelheid? Er wirft sich auf sein Pferd und folgt dem Majordomus.
Freundlich empfängt ihn die Contessa. Seine erstaunten Fragen beantwortet sie mit der Erklärung, daß sie schon immer die Absicht gehabt habe, den Segen des Heiligen Vaters zu erbitten und nur die unruhigen Zeiten sie abgehalten hätten.
„Was macht Adelheid, Contessa, habt ihr sie überzeugt, daß sie mich lassen muß?" fragt der Truchseß.
„Adelheid wird euch niemals lassen, Graf Lichtenau, denn ihr seid dieses Mädchens Schicksal."

Peinlich berührt zuckt Lichtenau mit den Schultern, dann sagt er kalt:
„Ihr wißt genau so gut wie ich, daß ich eine Adelheid Merswin niemals ehelichen kann, und zur Buhle ist sie zu schade."
„Das habt ihr vordem auch schon gewußt, Graf Lichtenau, und ich frage euch, ist es mit eurer Ehre vereinbar, ein reines Mädchen in die Gosse zu reißen?"
Der harte Ton läßt Lichtenau aufhorchen. Er spürt, hier ist ihm eine gefährliche Feindin erwachsen.
Hochmütig antwortet er:
„Es ist nicht euer Amt, darüber zu richten, Contessa."
„Meines nicht, aber das des Kaisers, und Barbarossa wird einer Contessa Conti mehr Gehör schenken, als einem Emporkömmling."
Lichtenau verfärbt sich bei dieser Beleidigung.
„Wäret ihr ein Mann, Contessa, würde mir euer Blut genügen, diese Beleidigung zu sühnen."
„Schert euch aus meinen Augen, oder ich lasse euch durch meine Knechte hinauswerfen. Ein Ehrloser ist mir ekelhafter als Gewürm", schneidend sagt es die Gräfin und weist zur Tür. Wie eine Rachegöttin steht sie da. Totenblaß verläßt der Truchseß das Gemach. Er stürmt durch den Gang, da tritt ihm Adelheid entgegen. Wäre eine Tote auferstanden, es hätte ihn nicht so erschüttert wie diese Begegnung. Er weicht ein paar Schritte zurück. Adelheid ruft:
„Erek, ich bin so froh, dich zu sehen", und will sich an ihn schmiegen. Doch brutal stößt er sie zurück, sinnlose Wut lodert auf.
„Dir also verdanke ich das alles, du hast mir diese Megäre auf den Hals gehetzt. Das ist deine Liebe, von der du so viel redest!"
Er läuft zur Tür hinaus, schwingt sich auf das Pferd und jagt mit verhängten Zügeln nach Rom zurück.

Adelheid ist zusammengesunken, eine wohltuende Ohnmacht umfängt sie.
Ein schweres Fieber wirft sie auf das Krankenlager. Mit hingebender Sorgfalt pflegt die Contessa die Kranke. Immer wieder ruft Adelheid in ihrem Fiebertraum nach Erek. Ihr Zustand verschlechtert sich, da schickt die Contessa den Majordomus nach einem Priester. Höchste Eile scheint geboten.
Der Majordomus reitet der Stadt zu, er überholt einen kleinen Reitertrupp, voran reitet ein alter Prieser, offenbar ein höherer Geistlicher.
Der Majordomus verhält sein Pferd, und als der Priester an ihm vorüberreitet, faßt er sich ein Herz und bittet, ihn zu einer Sterbenden zu begleiten. Sofort hält der Priester das Pferd an. Er läßt sich berichten und reitet mit seinem Gefolge zum Castello Farnese.
Bekümmert empfängt ihn die Contessa, führt ihn zu Adelheid. Diese wirft sich auf ihrem Lager hin und her. Ihr Mund spricht unzusammenhängende Worte. Plötzlich schreit sie, sich aufrichtend: *„Erek von Lichtenau, du darfst nicht gehen!"* Tränen überschütten das von Fieber gerötete Gesicht.
„Erek von Lichtenau? Hörte ich recht?" fragt der Priester.
„Ihr hörtet recht, er verführte dieses Kind", herbe sagt es die Gräfin.
Der Priester läßt sich am Lager Adelheids nieder, legt seine Hand auf ihre heiße Stirn. Seine Lippen murmeln Gebete. Allmählich beruhigt sich die Kranke, ihre Atemzüge werden gleichmäßiger, sie versinkt in Schlaf.
Der Priester erhebt sich, er winkt der Gräfin, ihm zu folgen. Draußen sagt er:
„Es ist keine Gefahr, laßt sie schlafen, sie wird gesunden. Nur eines beantwortet mir noch: Wo ist Erek von Lichtenau zu finden?"

„Er ist der Truchseß des Kaisers, jedes Kind führt euch in Rom zu ihm."
„Ich werde zu ihm gehen, Contessa. Ich kenne ihn. Betet für ihn."
„Er ist ein ehrloser Schurke und beschmutzt durch seine Gegenwart des Kaisers Majestät, aber ich werde dafür sorgen, daß er mit Schimpf und Schande davongejagt wird, so wahr ich eine Conti bin. Barbarossa wird es nicht wagen, einen Unwürdigen zu schützen."
„Versprecht mir, daß ihr nichts unternehmt, bis ihr meine Nachricht empfangen habt", bittet der Priester.
Nach kurzem Zögern willigt die Contessa ein.
Die Nachtschatten senken sich schon über Rom, als der Priester mit seinem Gefolge eines der Tore passiert. Schon von den Stadtwachen erfährt er das Quartier des Truchseß. Er schickt seine Begleitung in die vorgesehene Herberge voraus und reitet zu dem Palazzo, der ihm genannt wurde.

Lichtenau ist bei der Abendtafel. Lachend und trinkend unterhält er sich mit seinen Rittern, da meldet ihm ein Page, daß ein Priester ihn zu sprechen wünsche.
„Ein Priester? Was will der von mir, ich habe keinen rufen lassen. Er soll morgen wiederkommen, wenn er betteln will."
Da wird der Vorhang der Hallentür beiseite geschoben. Der Priester steht in der offenen Tür. Seine Augen suchen den Truchseß. Als sie ihn gefunden, halten sie ihn fest.
„Ich kommte nicht als Bettler, Graf von Lichtenau. Ich komme im Auftrag dessen, vor dem ihr knietet, als euch euer Vater genommen wurde. Ich habe mit euch zu reden, entfernet diese", mit einer Handbewegung zeigt er auf die Ritter.
Lichtenau ist aufgefahren. Er starrt fassungslos den Abt Martin an. Auf seinen Wink verlassen die Edelleute die Halle, sich scheu an dem Priester vorbeidrückend.

Wortlos weist Lichtenau auf einen leeren Armstuhl. Der Abt setzt sich.

„Die Hand des Höchsten führte mich. Ich sah eine wundervolle Blume, Erek von Lichtenau, die ihr zerbrochen und weggeworfen habt. In Namen des Höchsten ermahne ich euch, Graf von Lichtenau, euer Unrecht sofort gutzumachen. Ich beschwöre euch im Namen eures seligen Vaters. Wie wollt ihr ihm vor sein Antlitz treten, wenn ihr ihm dort begegnet, wohin er euch vorausgegangen, und wo ihr auch eines Tages stehen werdet? Wollt ihr, daß er vor euch zurückweicht wie vor einem Mörder, denn ihr seid im Begriff, ein Mörder zu werden, Erek von Lichtenau. Ein Mörder kann nicht Truchseß sein, der Glanz der Krone würde durch ihn verdunkelt. Ein Mörder kann nicht der heiligen Kirche angehören, sie wird ihn ausstoßen aus ihrer Gemeinschaft. Acht und Bann sind die gerechten Strafen für einen Mörder in dieser Welt, ewige Qual im Fegefeuer die gerechte Strafe, die seiner in der anderen Welt wartet.

Wählet, Erek von Lichtenau. Entweder ihr macht euer Unrecht gut und nehmt jene Blume, die nur euch blüht, wieder an euer Herz, indem ihr jenes Mädchen zu eurer Gemahlin macht, oder ich sorge dafür, daß euch die gerechte Strafe im vollen Umfange ereilt. Wählet, Erek von Lichtenau, ich warte!"

Wie Keulenschläge fallen die Worte. Der Truchseß hat sich in einen Sessel fallen lassen. Fieberhaft durchrasen Gedanken sein Gehirn. Er ist wie zerschlagen, er kann kein Glied rühren. Plötzlich steht das Christusbild mit den traurigen Augen vor ihm. Er erlebt noch einmal seine tiefe Not am Grabe des Vaters. Einer gab ihm Trost, einer segnete ihn. Derselbe, der jetzt mit harten Worten Rechenschaft fordert. Mühsam erhebt sich Lichtenau und geht auf den Abt zu, er kniet vor ihm nieder, legt sein Haupt in dessen Schoß und sagt leise:

„Vater, ich irrte. Vergebt mir, Vater, ich werde alles tun, was ihr wünscht."
Wie damals streicht eine gütige Hand über sein Haupt. Wie damals hört er eine weiche Stimme, die spricht:
„Um einen reuigen Sünder ist mehr Freude in den Himmeln, als um einen Gerechten, so spricht der Herr, der auch der eure ist, Erek von Lichtenau. Steht auf und geht den Weg, der euch geheißen wurde. Ich werde euch begleiten."
Nacht ist es, als zwei Reiter eine kleine Pforte neben dem Stadttor passieren und den Weg nach dem Kastell nehmen. Schweigend reiten die beiden nebeneinander. Der Mond bricht durch die Wolken und beleuchtet mit seinem fahlen Licht die schweigende Welt. Vor dem Kastell angekommen, findet der Abt Einlaß. In der Halle tritt ihm die Gräfin entgegen. Hinter dem Alten wird Lichtenau sichtbar. Die Gräfin würdigt ihn keines Blickes.
„Schläft das Mädchen?" fragt der Abt.
„Vor einer halben Stunde erwachte sie, doch scheint sie sich wohler zu fühlen."
„So kann ich zu ihr?"
Die Gräfin nickt und bittet, ihr zu folgen.
Lichtenau bleibt zurück. Die Kerzen in den Wandleuchtern flackern leise. Eine unheimliche Stille ist in dem weiten Gemach. Lichtenau fröstelt.
Der Abt ist an das Lager Adelheids getreten. Verwundert blickt sie ihn an.
„Wie fühlt ihr euch, meine Tochter?" sagt er, ihre Hand ergreifend.
„Ich war wohl sehr krank, der Kopf ist mir noch schwer", antwortet das Mädchen.
„Ihr werdet bald gesunden, damit ihr das Sakrament der Ehe empfangen könnt."

„Das Sakrament der Ehe?" wiederholt Adelheid, sichtlich bestürzt. *„Wie soll ich das verstehen?"*
„Der Truchseß und edle Graf des Reiches, Erek von Lichtenau, bittet euch durch meinen Mund um eure Hand, Adelheid Merswin."
„Erek, wo ist Erek?" Ein Leuchten geht über das Antlitz Adelheids.
„Führt ihn herein, Gräfin." Wie ein Befehl klingt es.

Lichtenau erscheint. Adelheid streckt ihm beide Arme entgegen. Lichtenau sinkt an ihr Lager. Der Abt tritt zurück und winkt der Gräfin, ihm zu folgen. In der Halle sagt er:
„Er hat sein Unrecht eingesehen und wird es gutmachen. Ihr kennt den Kaiser. Geht zu ihm und bittet ihn, das Mädchen in den Adelsstand zu erheben. Einer Contessa Conti wird es Barbarossa nicht verweigern. Dann rüstet die Hochzeit, ich werde die Vermählung vollziehen."
Bianca Conti ist noch nicht ganz einverstanden, doch der Abt sagt: *„Das Mädchen hat ihm verziehen, da haben wir kein Recht, ihm Steine auf den Weg zu werfen. Um des Mädchens willen müßt ihr meine Wünsche erfüllen."*
Endlich verspricht es die Gräfin.

Der Kaiser empfängt die Contessa mit herzlicher Freundlichkeit. Sie bringt ihm die Erinnerung an glückliche Tage zurück, die er mit der toten Beatrix verlebte. Wie alte Freunde plaudern die beiden. Im Laufe des Gespräches bringt Bianca Conti ihr Anliegen vor und erläutert es dem Kaiser. Ernst hört Barbarossa zu. Er schüttelt den Kopf über Lichtenau, aber er mag ihn gut leiden, trotz seiner Fehler.
„Ich werde eure Bitte erfüllen. Es soll meine Hochzeitsgabe an das Mädchen sein", dann fährt er fort:

„Jenen vornehmen Priester schickt zu mir, ich will seiner Abtei eine Zuwendung machen."
Beglückt verabschiedet sich die Contessa.

* * *

In einer Nebenkapelle der Peterskirche gibt der Abt den Truchseß Graf von Lichtenau mit Adelheid von Merswin zusammen. Als Trauzeugen fungieren die Gräfin Conti und der Kaiser, der mit kleinem Gefolge der Trauung beiwohnt und auch an der Hochzeitstafel im Castello Farnese als Ehrengast sitzt.
Die Gräfin Adelheid ist überglücklich, auch ihr Gemahl ist völlig zufrieden mit seinem Geschick. Er dankt dem Kaiser, der Gräfin und dem Abt mit bewegten Worten. Launig ermahnt Barbarossa in seiner Erwiderung die junge Frau, den Teufelskerl fest an die Kandare zu nehmen, wenn er ausbrechen wolle. Nötigenfalls werde er ihr dabei behilflich sein, fügt er mit einem Seitenblick auf Lichtenau mahnend hinzu.
Auf das Anerbieten der Contessa Conti, das neuvermählte Paar möge während des Aufenthalts in Rom ihr Gast im Castello Farnese sein, geht Adelheid freudig ein, auch Lichtenau ist es angenehm, seine junge Frau in der Obhut der Gräfin zu wissen.
Allerdings bekommt Adelheid auf diese Weise ihren Gatten oft tagelang nicht zu Gesicht. Rom ist der Mittelpunkt der westlichen Welt. Rom ist der geistige und politische Schwerpunkt des heiligen römischen Reiches deutscher Nation. Hier steht der Träger der römischen Kaiserkrone im Lichtkegel weltweiter, zum Teil feindlich gesinnter Öffentlichkeit und muß seine Macht durch unerhörten Glanz demonstrieren, der den des päpstlichen Hofes weit überstrahlt und in den

Schatten stellt. In der kaiserlichen Residenz jagt ein Fest das andere, und alles, was an Rang und Namen aus den Landen Europas hier zusammengeströmt, nimmt daran teil. Dem Truchseß fällt die Hauptlast zu. Seine Tage und oft auch die Nächte sind angefüllt mit unablässiger verantwortungsvollster Arbeit. Seine Hand führt die Regie auf dieser Bühne, auf die die Augen der Welt gerichtet sind.

Zu Adelheid ist er ein aufmerksamer Ehemann, jeden Tag schickt er ihr Blumen und andere Aufmerksamkeiten, und kommt er selbst zu kurzem Besuch ins Castello Farnese, überschüttet er sie mit kostbaren Geschenken von auserlesenem Geschmack. Er weidet sich dann an dem fast kindlichen Entzücken Adelheids. Sie ist sehr glücklich in diesen Stunden, umgibt ihn mit rührender Sorgfalt. Und doch empfindet sie mit dem überwachen Sinn der Liebenden, daß Erek verändert ist. Etwas Fremdes ist in seinem Wesen, das in Mailand zum ersten Mal in Erscheinung trat und das sie sich nicht erklären kann; zumal jetzt, da sie seine von aller Welt anerkannte Gattin geworden. Plötzlich wird Erek oft unruhig, in seine Augen tritt ein unstetes Flackern, auch der Ausdruck seines Gesichtes verändert sich, die gelösten Züge spannen sich wie bei Gehetzten. Dann kommt es vor, daß er sie unter irgendeinem Vorwand verläßt, und sie bleibt bekümmert zurück.

Seine stets wachen Gelüste lassen Lichtenau nicht zur Ruhe kommen. Aus der stillen Idylle des Castello Farnese jagt er in die Ewige Stadt zurück, die vom Strom der großen Welt durchpulst wird. Wüste Trinkgelage in seinem römischen Quartier enden meist in wilden Ausschweifungen mit Arisha und ihrem sehr lockeren Anhang. Alle guten Vorsätze und auch sein Weib sind vergessen, wenn er in den Armen dieser glutäugigen Schönen liegt. Er hat sie von Mailand in seinem Troß mitgeschleppt, und sie hat es bisher meisterhaft verstanden, seine Sinnlichkeit wachzuhalten, um ihn immer wieder von neuem durch ihre raffinierten Künste zu reizen. Sie ist dabei eine gute Rechnerin und zieht ihm das Geld aus den Taschen. Er erfüllt ihr selbst die unverschämtesten Wünsche; bis ihn wieder der Ekel vor sich packt, eine rasende Wut ihn gegen sie überfällt, ein wilder Haßausbruch, in dem er es fertigbringt, sie maßlos zu beschimpfen, sogar zu würgen und zu schlagen. Öfter als einmal hat sie einen regelrechten Kampf durchstehen müssen, in dem sie sich mit der ihr eigenen katzenartigen Wildheit gegen die Angriffe des Wütenden wehrt. Ganz plötzlich schlägt dann Lichtenau wieder um, eisern umklammern sie seine sehnigen Arme, sein Mund preßt sich in neuerwachter Gier hart und schmerzhaft auf den ihren, und wieder versinken sie im Strom hemmungsloser Leidenschaft. Arisha fürchtet sich insgeheim vor ihrem gewalttätigen Liebhaber, nur sein Reichtum hält sie fest. Sie weiß: Noch einmal bietet ihr das Leben nicht so eine Chance, fast mühelos viel Geld zu erlangen, denn freigebig ist Lichtenau. Nach solchen Auftritten erhält sie regelmäßig des anderen Tages neben Geschenken eine mit Dukaten gespickte Geldbörse zugesandt.

* * *

Barbarossa ist zufrieden mit sich und der Welt. Niemals standen sein Thron und sein Reich so gefestigt da. Endlich, an der Schwelle des Greisenalters, hat sich der Wunschtraum seiner Jugend, nach einem Leben von Siegen und Niederlagen, von kurzbemessenen glücklichen Friedenstagen und darauf immer wieder folgenden jahrelangen erbitterten Kämpfen, erfüllt. Wohl muß er wachsam bleiben, denn er weiß, alle die, denen seine Macht unbequem ist, warten nur auf ihre Stunde, um dann trotz aller Eide und feierlichen Verträge über ihn herzufallen. Eifrig unternimmt er es, seine Hausmacht zu vergrößern, denn er hat es erlebt, daß ein armer Kaiser zu sehr von der Gnade der reichen Fürsten abhängig ist.

Als er eines nachts im vertraulichen Gespräch mit Lichtenau zusammensitzt, stellt Barbarossa unvermittelt die Frage:

„Wie geht es eurem Weib? Warum bekommen wir sie nie zu sehen? Ihr haltet sie wohl wie ein Sarazene hinter Haremsgittern verschlossen?"

Dem Truchseß ist diese Frage unangenehm. Zögernd antwortet er: *„Mein Weib liebt die große Welt nicht. Sie fühlt sich am wohlsten in stiller Zurückgezogenheit."*

„Ach, dummes Zeug", poltert der Kaiser. *„Sie ist doch ein junges Weib und zudem sehr schön. Ihr habt wohl Angst, Truchseß, sie an einen anderen zu verlieren, darum behütet ihr sie so sorgfältig!"*

„Ich habe keine Angst, Kaiserliche Majestät, ich befürchte nur, daß mein Weib keine gute Figur machen wird, da ihr das Leben der großen Welt fremd ist."

„Wir wollen sie bei uns sehen, bringt sie mit zum nächsten Fest."

Es ist ein Befehl. Schweigend verneigt sich der Truchseß. Bei Adelheid ruft diese Nachricht helle Aufregung hervor. Sie ist ganz verstört, sogar Tränen fließen.

„Ich will nur dich, Erek, ich will niemanden sonst. Was sollen mir diese geputzten Menschen, ich gehöre nicht zu ihnen."

Beruhigend streichelt ihr Lichtenau über das erregte Gesicht.

„Du vergißt, daß du die Gräfin Lichtenau bist. Wie ich nicht nur dir allein gehören kann, so kannst du es auch nicht."

Die ungewollte Doppelsinnigkeit seiner Worte wird Lichtenau schmerzhaft bewußt. Der Glanz der Augen erlischt, das Gesicht erscheint plötzlich leer, ohne Ausdruck. Jenes andere Leben, von dem diese reine Seele nichts ahnt, das an seinen Kräften zehrt, das ihn innerlich aushöhlt, jenes verfluchte an-

dere Leben, von dem er sich nicht mehr losreißen kann, peinigt ihn in diesen Augenblicken. Seltsam klar erkennt er, daß nur dieses junge, blühende Weib, sein Weib, dessen Herz nur für ihn schlägt, der einzige Halt für ihn ist. Ein jähes Dankgefühl steigt in ihm auf. Er schließt Adelheid in seine Arme und bedeckt ihr Gesicht mit vielen Küssen, wie er es schon lange nicht mehr zu tun vermochte. „*Du bist mein Engel, Adelheid, Geliebte*", bebend sagt es sein Mund, doch spricht er nur aus, was sein Herz bewegt. Adelheid ist glücklich, der Schatten scheint gewichen, ihr Erek hat wieder ganz zu ihr zurückgefunden. Leise streicheln zärtliche Hände, sie hüllen Lichtenau ein in lichtvolle Wärme, nach der seine zerrissene Seele durstet. Der eintretenden Contessa Bianca bietet sich das Bild eines glücklichen Ehepaares. Still will sie sich zurückziehen, da bemerkt sie Lichtenau. Er läßt Adelheid los und bittet die Contessa, seinem Weib bei den Vorbereitungen zum Fest mit ihrer Erfahrung zur Seite zu stehen und sie an jenem Abend unter ihre Obhut zu nehmen, da ihn sein Amt hindern werde, sich viel um Adelheid zu kümmern. Gern verspricht es die Contessa.
Sie freut sich darauf, ihren Schützling in die große Welt einzuführen. Lichtenau verabschiedet sich, in ihm ist der Entschluß gereift, das andere, dunkle Leben endgültig abzustreifen. Er muß sich Arisha vom Halse schaffen; solange er sie in seiner Nähe weiß, würde er keine Ruhe finden. Mit ihr zu sprechen, wäre zwecklos. Er wird ihr nochmals Geld schicken und sie entfernen lassen.

In der armseligen Herberge, nahe der Stadtmauer, in der Arisha mit anderen Stammesgenossen ein Quartier gefunden hat, erscheint ein junger Edelmann mit ein paar bewaffneten Knechten. Er fragt nach Arisha. Als sie erscheint, bedeutet er ihr, daß sie mit ihm Rom sofort verlassen werde. Stolz begehrt Arisha auf:

„Hütet euch, mich anzurühren, der Truchseß von Lichtenau würde es euch heimzahlen!"

Der Edelmann wirft als Antwort eine gefüllte Börse auf den wackeligen Tisch und sagt:

„Das ist der letzte Gruß des Truchseß, und nun eilt euch. Meine Zeit ist bemessen!"

Arisha lehnt totenblaß an der Wand, das Spiel ist zu Ende. Er jagt sie fort wie einen Hund, schlimmer noch, denn er läßt ihr noch nicht einmal die Wahl des Weges. Fieberhaft sinnt sie auf Rettung. Sie sieht keine. So versucht sie es mit ihrer verführerischen Weiblichkeit. Mit geschmeidigen Bewegungen, einem betörenden Lächeln, das alles verspricht, nähert sie sich dem Ritter. Doch der lacht nur:

„Laßt das, Dirne, ihr seid mir zu schmutzig. — Wo sind eure Sachen, meine Knechte werden sie in Gewahrsam nehmen, bis ich euch auf dem Schiff weiß, das euch nach Sizilien bringen wird!"

Arisha schreit auf, sie bekommt einen Tobsuchtsanfall. Ein Wink des Ritters. Harte Hände greifen zu und halten sie wie Schraubstöcke fest.

„Wo sind eure Sachen, Dirne?" herrscht er sie an.

„Unter meinem Lager in der oberen Kammer", schluchzt die Zigeunerin.

Zwei Knechte stürmen hinauf und kommen nach einiger Zeit mit einem Ballen und einer eisenbeschlagenen kleinen Truhe zurück. Der Ritter läßt diese öffnen. Zwischen Ringen und Armbändern blinken ihm viele Goldstücke entgegen. Lachend greift er hinein und wühlt in den Dukaten. Arisha hat einen Schrei ausgestoßen, sie ruft:

„Das hat mir der Truchseß geschenkt, ich habe es nicht gestohlen!"

„Beruhigt euch, Dirne, ihr sollt euren Hurenlohn behalten, so ist es der Wille des Truchseß, und dieses da", er weist auf die Börse, die auf dem Tisch liegt, *„kommt noch hinzu, aber ich rate euch"*, wendet er sich zu Arisha, *„laßt euch niemals wieder vor dem Truchseß sehen, es würde euch schlecht bekommen."*
Die Börse wird in die Truhe entleert. Wie Musik klingt das Klappern der Goldstücke in Arishas Ohren. Sie ist schon ausgesöhnt mit ihrem Schicksal. Ihr Gold bleibt ihr, so wird sie schon weiterkommen.
Sie wird auf ein Pferd festgebunden, ebenso ihre Habe. Fort geht es aus Rom der Küste zu. In einer kleinen Hafenstadt wird sie auf ein Segelschiff gebracht und dem Kapitän mit einem Auftrag Lichtenaus übergeben. Der Edelmann wartet geduldig, bis das Schiff den Hafen verläßt und am Horizont verschwindet. Dann eilt er zurück, um dem Truchseß zu berichten. Lichtenau lohnt ihn und die Knechte mit klingender Münze. Er fühlt sich von einer großen Last befreit.
Das Schiff mit Arisha an Bord erreicht Sizilien nicht. Ein Sturm bricht los, treibt das leichte Fahrzeug auf Felsenriffe und läßt es kentern. Nur mit verzweifelter Anstrengung gelingt es Arisha, ihr nacktes Leben zu retten, mit ihr haben ein paar Schiffsleute, rohe Gesellen, das feste Land erreicht. In ihre Gewalt ist Arisha gegeben. Sie zwingen sie, auf den Märkten der Dörfer und kleinen Küstensiedlungen zu tanzen und nehmen ihr das Geld weg, das sie damit verdient. Eines Nachts entflieht Arisha in die Wälder der Abruzzen; hier wird sie von einem vorüberziehenden Zigeunerstamm aufgenommen. In diesem Kreis endet ihr Leben.

Durch Rom geht ein Gerücht. Jerusalem, die heilige Stadt, sei in die Hände der Ungläubigen gefallen. Auch Lichtenau hört davon, er eilt zum Kaiser.

„Es ist wahr, Truchseß", antwortet Barbarossa auf seine Frage, *„der Sultan Saladin ist mit einem großen Heer in Palästina eingefallen, hat die Ordensritter geschlagen und Jerusalem eingenommen. Das Heilige Grab befindet sich in seiner Hand."*
Lichtenau erfaßt das Ungeheure dieser Botschaft. Das Heilige Grab in den Händen der Ungläubigen. Diese Nachricht wird die gesamte Christenheit in höchste Erregung versetzen. Er fragt mit tonloser Stimme:
„Was gedenken eure Kaiserliche Majestät zu tun?"
„Ich werde es diesem ungläubigen Hund wieder entreißen."
Nach einer Weile Schweigen fährt Barbarossa fort:
„Wir brechen hier unsere Zelte ab, Lichtenau, und ziehen nach Deutschland. Ich habe einen Hoftag in Mainz einberufen, meine Boten sind schon unterwegs. Dem Papst habe ich mein Vorhaben mitgeteilt, er wird sich freuen, von meiner Gegenwart befreit zu werden."
„Noch einer wird sich freuen, dem eure Gnade sein Stammland zurückgab", sagt Lichtenau.
Barbarosse blickt ihm in die Augen:
„Ich weiß, wen ihr meint, Lichtenau, aber seid ohne Sorge, der Welfe muß außer Landes, solange ich dort unten gebunden bin. Der König Heinrich wird das Reich verwesen, bei ihm ist es in guten Händen."

Der Truchseß reitet zum Castello Farnese. Selbst in seine Abgeschiedenheit ist die Kunde von dem Unerhörten gedrungen. Bleich tritt ihm Adelheid entgegen. Erek fühlt mehr denn je das Glück ihrer Gegenwart. Er begrüßt sie zärtlich, gemeinsam gehen sie zu Bianca Conti. Auch sie ist von dem Geschehen erschüttert. *„Was wird der Kaiser tun?"* fragt sie Lichtenau.
Der Truchseß berichtet von seiner Unterredung mit Barba-

rossa. „*Ein Kreuzzug*", sagt die Contessa, „*das ist ein schweres Unternehmen, hoffentlich hat Barbarossa mehr Glück als König Konrad.*"
Adelheid schmiegt sich an Lichtenau. Ihr Herz klopft laut, wieder hat sie das Gefühl nahenden Unheils. Ihre Hand erfassend, will sie der Truchseß beruhigen.
„*Ich bitte euch, verehrte Contessa, Adelheid in euren Schutz zu nehmen. In eurem Palazzo in Mailand ist sie sicher, und ich kann ruhiger dem Kaiser in das Heilige Land folgen.*"
Adelheid ist bei diesen Worten aufgesprungen.
„*Niemals, Erek, lasse ich dich allein ziehen, ich gehe mit dir, wenn es sein muß, bis an das Ende der Welt, auch in den Tod*", fügt sie ernst und bestimmten Tones hinzu.
Lichtenau greift diese Treue ans Herz, auch die Contessa ist tief beeindruckt, verstohlen wischt sie sich über die Augen. Leise beschwörend sagt Lichtenau:
„*Adelheid, so sehr du mir damit deine Liebe beweist, so kann ich dieses Opfer nicht von dir annehmen.*" Adelheid will entgegnen, doch der Truchseß fährt fort: „*Ich kann dich, ein zartes Weib, nicht Entbehrungen, Not und Gefahr aussetzen, so gerne ich dich in meiner Nähe wüßte.*"
Ungeachtet der Gegenwart der Contessa wirft sich Adelheid ihm zu Füßen und umklammert seine Knie. Ihre großen blauen Augen sind flehend auf ihn gerichtet.
„*Erek, noch kennst du mich nicht ganz, noch weißt du nicht, daß nur du, du ganz allein, der Sinn meines Lebens bist. Wüßte ich dich in Not und Gefahr, hätte dieses Leben seinen Sinn für mich verloren. Darum laß mich mit dir gehen, ich will die niedrigsten Dienste verrichten, nur weise mich nicht von deiner Seite.*"
Das bleiche, schöne Gesicht ist tränenüberströmt, schluchzend birgt es Adelheid in dem Schoß ihres Mannes. Seine Hand streichelt sie leise. In ihm wogt ein großes Glücksge-

fühl, diese Liebe hat er nicht verdient, und darum erschüttert sie ihn zutiefst. Noch findet er keine Worte. Da hört er die Stimme der Contessa:

„Laßt Adelheid mit euch gehen, Graf von Lichtenau, sie handelt wie die Edelste unter den Edelfrauen, so handelte Beatrix von Burgund, auch sie stand in jeder Not und Gefahr an der Seite des Kaisers, und darum wird Barbarossa verstehen, daß seines Truchseß' Weib dem Gatten folgen will. Bedenkt auch, daß Adelheid mir vergehen würde unter den Händen, wie es schon einmal beinahe geschehen, als sie euch lassen sollte."

Lichtenau schweigt, er kann ihr nicht widersprechen, er will es auch nicht mehr. Er zieht Adelheid empor, küßt ihre schönen Hände.

„So laß uns gemeinsam unseren Weg gehen, Adelheid, er wird leichter sein für uns beide."

Glücklich fällt ihm Adelheid um den Hals. Leise verläßt die Contessa Conti das Gemach.

* * *

In Konstanz angekommen, macht der Hof eine längere Ruhepause. Diese will Lichtenau benutzen, mit Erlaubnis des Kaisers Adelheid die Burg seiner Väter zu zeigen. Die Gräfin Lichtenau ist schwer bekümmert. Die Nähe der geliebten Eltern läßt den Wunsch in ihr lebendig werden, sie wiederzusehen und ihre Verzeihung zu erbitten. Sie spricht darüber zu ihrem Mann. Lichtenau fürchtet für sein Weib. Wenn der Vater sie verstoßen würde, wäre ihr beider Glück, das sie trägt und in belebende Wärme einhüllt, vernichtet. Nach kurzem Besinnen sagt er:

„Ich werde zu deinen Eltern gehen. Ich raubte ihnen ihr Kind, das Glück ihres Lebens, und ich werde ihre Verzeihung erbitten und

jede Buße auf mich nehmen, die sie verlangen."
Er läßt sein Pferd vorführen und reitet den ihm wohlbekannten Weg. Da ist der alte Turm. Beklommen wird ihm zumute. Wie wird ihn der alte Merswin empfangen? Mit zögerndem Schritte geht er durch das Gärtchen auf die Tür zu und rührt den Klopfer. Er wartet, nichts regt sich. Wieder klopft er. Gespannt lauscht er auf ein Geräusch. Nichts. Heftiger rührt er den Türklopfer, so daß es weit im Umkreis erschallt. Nichts rührt sich. Betroffen steht er da, was soll er tun? Da sieht er von ferne einen Bauern, er führt eine Kuh, die er wohl auf den Markt in die Stadt bringt. Lichtenau winkt ihm zu, doch der Bauer beachtet ihn nicht. Gleichmäßig trottet er weiter. Lichtenau wirft sich auf sein Pferd und reitet querfeldein auf ihn zu.
„Heda", ruft er mit lauter Stimme, *„könnt ihr mir sagen, wo der Alchimist Merswin ist? Ich versuchte vergebens, ihn in seinem Haus anzutreffen!"*
Der Bauer kratzt sich verlegen am Kopf.
„Der gelehrte Herr Merswin ist nicht hier."
„Wo ist er denn zu finden?" fragt Lichtenau ungeduldig.
„Er macht mit seinem Weib eine weite Reise ins Welschland. Ein großer Herr aus dem Frankenreich nahm sie mit. Der gelehrte Herr Merswin soll ihm dienen mit seiner Kunst."
Erstaunt, innerlich erleichtert, hört es Lichtenau. Da fährt der Bauer fort:
„Seit die Tochter weg ist, hielt er es hier nicht mehr aus, wie sein Weib dem meinen erzählte."
Lichtenau dankt und wirft dem Bauern ein Goldstück zu. Dann galoppiert der Truchseß der Stadt zu. Er weiß, daß Adelheid ungeduldig seiner Rückkehr wartet. Behutsam bringt er ihr die Nachricht bei. Tiefer Schmerz zeigt sich in ihren schönen Zügen, doch beherrscht sie sich. Lichtenau steht

bedrückt vor ihr. Er nahm ihr das Vaterhaus, nahm ihr die Eltern. Die Last seiner Schuld wird ihm klar bewußt und drückt ihn fast zu Boden. Wird er jemals gutmachen können, was er angerichtet? Adelheids leise, wohlklingende Stimme dringt zu ihm:

„Sei nicht traurig, Erek, du hast keine Schuld. Mein Herz gebot mir, so zu handeln, wie es mir gebietet, dir in das Heilige Land zu folgen."

Still reicht sie ihm die Hände, mit festem Druck umfängt er sie. Nichts steht mehr zwischen ihnen. Die Liebe seines Weibes spricht ihn frei und hebt ihn heraus aus der Verstrickung in Schuld und Verirrung, bannt alle Schatten.

* * *

Wie ein glückliches Kind geht Adelheid an seiner Seite von Raum zu Raum der Burg Lichtenau. Immer wieder fordert sie ihn auf, von seiner Jugend zu erzählen. Leuchtend ersteht das Bild des seligen Vaters.

„Wenn er mich segnen könnte, wie glücklich wäre ich dann erst", sagt leise Adelheid.

Sie reiten zur Abtei, die Gräber der Eltern zu besuchen. Mit großer Freude empfängt sie der Abt. Er geleitet sie zu den Gräbern, über denen ein großer Rosenstrauch blüht. Hier läßt er das junge Paar allein. Eng aneinandergeschmiegt steht es in stummem Gedenken vor der Ruhestätte, dann betet Adelheid zur hochheiligen Jungfrau für die Seelen der Verblichenen. Lichtenau ist keines Wortes fähig. Still gehen sie zurück. Der Abt hat ein Mahl richten lassen. Er löst die beiden aus ihrer wehmütigen Versunkenheit. Lebhaft führt er fast allein die Unterhaltung, und es gelingt ihm, Adelheid wieder zum Lachen zu bringen, Erek ist ihm innerlich dankbar dafür. Vor

dem Abschied bittet er, Adelheid die Kapelle zeigen zu dürfen. Zögernd willigt der Abt ein. Es ist eigentlich verboten, Frauen zuzulassen, aber aus diesem besonderen Anlaß glaubt er, es vertreten zu können. Wieder, wie damals, kniet Lichtenau an der Tür nieder, während Adelheid zögernd, dann aber, wie angezogen von dem segnenden Christus, langsamen Schrittes auf den Altar zugeht. An den Altarstufen kniet sie nieder und betet. Lichtenau umfaßt mit seinem Blick den Christus und sein Weib. Von draußen dringt der Schein der Abendsonne golden verklärend in den stillen Raum, da erhellt ein Strahl das Gesicht des Christus, er gleitet über die segnenden Hände und läßt die lichte Haarkrone Adelheids aufflammen.
Er hat sie gesegnet, geht es Lichtenau durch den Kopf, es würgt ihm in der Kehle, er preßt die gefalteten Hände aneinander, und wie abwesend murmelt er:
„Kyrie eleison, Christe eleison, Kyrie eleison."

In sich spürt er, wie ein Druck weicht, wie ein Panzer, der sein Herz umgab, zerspringt. Es ist ihm plötzlich so leicht zumute. Ein fernes Leuchten liegt auf seinem scharfgeschnittenen Gesicht mit der kühn vorspringenden Hakennase, als Adelheid, auf ihn zukommend, seiner ansichtig wird. Unwillkürlich verhält sie den Schritt, so sah sie ihren Mann noch nie, nun weiß sie, daß alle Opfer ihrer Liebe nicht umsonst gewesen. Der stolze, selbstbewußte Spötter, der auch vor dem Heiligen nicht halt gemacht, hatte sich seinem Herzen unterworfen.

In seinem Gemach wartet der Abt auf sie. Er spricht herzliche Abschiedsworte. Als er die Hand zum Segen hebt, läßt sich die fromme Adelheid, wie es ihr selbstverständlich, auf die Knie nieder, doch auch Graf Lichtenau beugt das Knie. Feierlich spricht der Abt den Segen, dann hebt er die beiden auf und geleitet sie zum Tor.

* * *

In Mainz ist Hoftag. Wohl kommen alle Großen des Reiches mit ihren Lehnsleuten, aber nicht alle können sich entschließen, das schwarze Kreuz auf weißem Grunde auf sich zu nehmen. Als Barbarossa im nächsten Jahr Heerschau hält, haben sich nur 20000 Edle mit ihren Gefolgsmannen, insgesamt 100000 Mann, eingefunden. Das ist wenig, sehr wenig sogar angesichts der großen Aufgabe, die durchgeführt werden soll. Wohlmeinende raten dem Kaiser ab, und Barbarossa zögert. Kann er es wagen mit dieser geringen Macht? Doch er hat sein Wort gegeben. Er wird es halten, komme es, wie es wolle. Der Kreuzzug ist gut vorbereitet. Die Fürsten der Länder, durch die das Kreuzheer ziehen wird, sind um Einverständnis und Unterstützung gebeten und haben zugesagt.
Mit seinem engeren Gefolge, zu dem auch Lichtenau und seine Gattin gehören, besteigt Barbarossa das Schiff, das ihn donauabwärts führt. Nach mancherlei Mühen wird Sofia erreicht. Das Heer drängt zum Hellespont vor, doch der Kaiser von Byzanz fürchtet, daß Barbarossa ihm Konstantinopel nehmen wolle und will das Überqueren nicht gestatten. In langwierigen Verhandlungen durch seine Gesandten hält er Barbarossa über ein halbes Jahr hin. Endlich verläßt den Kaiser die Geduld, er setzt mit dem Heer über. Bei strahlendem Wetter hält der Kaiser Heerschau. Die Fahnen und Wimpel wehen, Fanfaren schmettern, Pauken dröhnen. Langsam reitet Barbarossa mit seinem Gefolge von Heerhaufen zu Heerhaufen, überall mit lautem Jubel begrüßt. Von einer Anhöhe aus hält er eine flammende Ansprache. Die Worte werden

weitergegeben, Stürme freudiger Zustimmung erweckend. Die Ritter heben ihre Schilder in die Höhe, blitzend fahren die Schwerter empor, es ist ein grandioses Schauspiel scheinbar unüberwindlicher Stärke und geeinter Kraft. Doch lange sollte dieser Jubel nicht währen, bald wird ein anderer Heerschau halten, ein Mächtigerer wird Sieger sein.

Das Kreuzheer muß durch unwirtliche Einöden ziehen und Salzsteppen durchqueren. Schnell sind die mitgeführten Vorräte verbraucht, der Hunger stellt sich ein bei Mensch und Tier. Das wäre noch zu ertragen, man kann sich helfen, man beginnt die Pferde zu schlachten, um dem Äußersten zu begegnen. Was immer unerträglicher wird, ist der Durst. Unbarmherzig brennt die Sonne, hier und dort sinkt einer von seinem Pferd, bricht ein Waffenknecht oder ein Knappe erschöpft zusammen. Sie müssen mitgenommen werden, denn fallen sie in die Hände des Feindes, ist grausamer Tod ihr Los. Schwerfällig, immer matter in seinen Bewegungen werdend, schleppt sich das Heer der Kreuzritter seines Weges. Tag und Nacht greifen Saladins Scharen aus Hinterhalten an.
Furchtbare Feinde gesellen sich hinzu. Seuchen treten auf, die Ruhr, die Cholera und als schrecklichste – die Pest. Der Kaiser ist entsetzt. Er befiehlt, die Kranken abzusondern in einem Lager, das schnell errichtet und notdürftig bewacht wird. Mit unheimlicher Schnelligkeit greift die Pest um sich. Das Lager reicht nicht mehr aus, um alle Erkrankten aufzunehmen, es muß erweitert werden. Der Truchseß kommt fast Tag und Nacht nicht vom Pferd herunter, er sorgt für die Konzentrierung und notdürftige Unterbringung der Kranken. Wirkliche Hilfe ist nicht möglich. Wohl bemühen sich zahlreiche Ordensbrüder und Mönche, die sich dem Heer angeschlossen haben, den von der furchtbaren Seuche Befallenen die letzten

Stunden durch Zuspruch erträglicher zu machen; doch der Tod hält Heerschau, und nach Tausenden zählt schon seine Gefolgschaft. Die Toten bleiben liegen, niemand kann sie bestatten. Die Gesunden kämpfen unterdessen um ihr Leben, unablässig brechen die Reiterscharen Saladins hervor. Wie Hornissen schwärmen sie heran, viele sinken von ihren Speeren durchbohrt zu Boden. Mit tiefer Sorge sieht Barbarossa die Niederlage vor sich; er zwingt sich zu äußerlichem Gleichmut und betonter Hoffnungsfreudigkeit, um so die zu halten, die mutlos werden wollen. Er befiehlt den weiteren Vormarsch. Das Lager des Todes, wie es genannt wird, überläßt er der Obhut einer ausgesuchten Schar von tapferen Rittern und ihren Mannen. Da wird ihm gemeldet, daß der Truchseß von Lichtenau ohnmächtig vom Pferd gestürzt sei und man ihn in das Lager des Todes geschafft habe.
„So hat es auch ihn erfaßt, armer treuer Kerl", dumpf sagt es Barbarossa. Viele hat er von sich gehen lassen müssen in diesen schrecklichen Tagen, viele, die ihm treu gedient. Mit jedem ist ein Stück seines Lebens gegangen, seines Lebens, dessen Ende er nahen fühlt. Mit hartem Ruck reißt er sich zusammen. Noch ist es nicht so weit, noch hat er eine Aufgabe durchzuführen, dafür wird er leben und weiterkämpfen.

Endlich sind die Wüsten überwunden, sie kommen in reiche Gebiete. Aber als Barbarossa wieder Heerschau hält, zählt sein Heer nur noch einige Hundert Ritter mit den ebenfalls stark gelichteten Reihen ihrer Mannen. Ein Anblick, der ihm die Tränen in die Augen treibt. Ein Triumpf ist ihm noch vergönnt: Der Anblick dieses kleinen Heeres, das den greisen Kaiser so erschütterte, wirkt auf den Feind doch so furchterregend, eine zehnfache Übermacht ohne besondere Anstrengung in die Flucht zu schlagen.

Wenige Zeit danach erfüllt sich die Barbarossa bekannte Weissagung: Das kleine Heer überquert den reißenden Gebirgsfluß Salaph. Alles kommt gut hindurch, auch der Kaiser. Er läßt ein Lager aufschlagen. Nach reichlichem Mahl, beeindruckt von der Hitze des Tages, verlangt es ihn nach einem Bad. Trotz dringlicher Warnungen stürzt er sich in das eiskalte Wasser. Da setzt das alte Kämpferherz aus und beginnt nicht wieder zu schlagen. Der Kaiser ertrinkt in den eisigen Fluten.

* * *

Adelheid ist zurückgeblieben. Wohl hat der Kaiser nach ihr suchen lassen, aber niemand hat sie gefunden. Als sie von dem Unglück erfuhr, das ihren Gemahl betroffen, steht es für sie fest, daß sie an seiner Seite bleiben muß. Es wird aber allen Gesunden, mit Ausnahme der Wachen und der heiligen Brüder, der Zutritt zum Todeslager streng verwehrt. Unter Hingabe von kostbarem Schmuck gelingt es ihr, sich in den Besitz einer Mönchskutte zu bringen. Sie schneidet sich ihr schönes Haupthaar ab und verwandelt sich in einen jungen Mönch. In dieser Verkleidung gelangt sie unbehelligt in das Lager.
Nach langem Suchen findet sie den Geliebten. Er liegt auf armseligem Lager unter einem beschädigten Zelttuch, das ihn kaum vor den Sonnenstrahlen schützt. Sein Körper ist aufgedunsen, das Gesicht durch dicke Beulen entstellt. Kaum erkennt sie ihn wieder. Die Augen liegen tief in den Höhlen, das Fieber glänzt aus ihnen. Unruhig gleiten die geschwollenen Hände hin und her. *„Durst — Durst"*, röchelt der Kranke. Da eilt Adelheid hinweg. In den weiten Ärmeln der Kutte verborgen, kehrt sie mit einem Zinngefäß voll Wasser zurück und setzt es an die Lippen Ereks. Gierig trinkt er. Für Minuten kehrt das klare Bewußtsein zurück. Er erkennt sein Weib. Wie

das Ahnen eines Lächelns geht es über sein verunstaltetes Gesicht. Der Mund murmelt ihren Namen. Adelheid durchfährt ein rasender Schmerz, ihr Herz krampft sich zusammen, nur mit letzter Willensanstrengung hält sie sich aufrecht. Dann neigt sie sich über ihn, und in maßloseer Erregung stößt sie hervor:
„Erek, du darfst nicht gehen, du mußt leben für unser Kind." In ihrer Not offenbart sie ihr Geheimnis, das sie ängstlich gehütet hat, aus Furcht, man könne sie zurückschicken und von dem Geliebten trennen. Noch einmal leuchtet es in Lichtenaus Augen auf — *„unser Kind — Dank — Dank — Adelheid."* Mühsam quellen die Worte hervor. Das Fieber hat ihn wieder in seiner Gewalt, er wirft sich hin und her. Adelheid fühlt, daß das Ende kommt. Sie nestelt von dem Gurt des Mönchsgewandes einen Rosenkranz los. Sie drückt ihm das Kruzifix auf die fiebernden Lippen.
„Bete, ich rufe den Erlöser, daß er dich holt."
Sie ruft. Unter ihrem Rufen geht seine Seele in das andere Reich.

* * *

Es ist eine Winternacht des Jahres 1190. Der Schnee staubt von den Dächern. Kalt bläst der Wind vom Bodensee in die stillen Straßen von Konstanz hinein. Tiefe Dunkelheit herrscht überall, kein Stern steht am Himmel.
Da löst sich von der kleinen Pforte neben dem Stadttor eine Frauengestalt und kämpft tapfer gegen das Schneetreiben an. Nur langsam kommt sie vorwärts. Endlich hat sie den Turm erreicht, und mit frosterstarrten Händen rührt sie den Türklopfer. Einmal — zweimal — dreimal. Beim dritten Mal erscheint oben an einem kleinen erleuchteten Fenster ein

schlohweißer Kopf: *„Wer ist's zu so später Stunde, der Einlaß begehrt?"* ruft es in die Nacht. Ein Schluchzen tönt herauf. So schnell ihn seine alten Füße tragen, eilt Merswin die Treppe hinab und hält sein Kind im Arm, Adelheid, Reichsgräfin von Lichtenau.
„Er hat es wieder gutgemacht", sagt der alte Mann, *„er kann mir wieder begegnen, wenn auch ich hinüber gehe in jenes Reich."*
Noch einen tiefen Schmerz gilt es zu überwinden. Die Mutter ist heimgegangen. Die Bekümmerte tröstet der alte Vater.
„Sie hatte dir verziehen, ihre letzten Worte waren: Bete für Adelheid."

Adelheid hält es nicht lange in der Klause. Sie dringt in den Vater, sie auf die Burg Lichtenau zu begleiten, damit ihr Kind auf der Burg seiner Ahnen das Licht der Welt erblicke. Nach langem Zögern willigt Ulrik Merswin ein.
Als der erste Schrei des Erben der Lichtenau durch das Gemach klingt, dankt das gläubige Herz Adelheids dem Höchsten, daß er ihr in seiner Gnade das Unterpfand einer lichten Zukunft gegeben.

* * *

II. Der Zigeuner

Durch einen dämmrigen Wald strebt Sylvia, das schöne Zigeunerweib, auf dem Rücken, in ein weites Tuch eingebunden, ihren kleinen Sohn tragend, der Lagerstätte ihres Stammes zu. Vergeblich hat sie Stunden damit zugebracht, die Landstraße zu beobachten und auszuspähen nach einem Kaufmannszug, der eine fette Beute versprechen würde. Sylvia ist müde und hungrig, doch anerzogene Vorsicht läßt sie nach allen Seiten schauen. Gefahren lauern in den riesigen Wäldern der Abruzzen, Gefahren durch Menschen und Tiere. *„Ich muß ein wenig ausruhen."* Sie läßt sich am Fuße einer Myrrhe nieder, bindet den Säugling ab, und gibt ihm die Brust. Sie liebt den kleinen Schreihals nicht, der mit sichtlichem Behagen seinen Durst stillt. Sie will nicht so viele Kinder bekommen wie die anderen Weiber, die dann schnell verblühen und häßlich werden. Sie will schön bleiben, will ihre Schönheit teuer verkaufen. Sie träumt von einem Leben in Glanz und Reichtum. Sie will nicht vorzeitig altern und verkommen wie die anderen, die nur die Arbeitstiere ihrer Männer sind. Ein böses Funkeln steht in den nachtdunklen Augen. Herrin will sie sein, keine Sklavin männlicher Gier und Brutalität. Mit brüsker Bewegung stößt sie den rechten Fuß vor, als wolle sie jemand einen Tritt versetzen. Sie stößt gegen etwas Hartes, ein leiser, dumpfer Klang trifft ihr Ohr. Was ist das? Schnell legt sie das Kind beiseite und wickelt es oberflächlich wieder in sein Tuch. Schon kniet sie an der Stelle, mit ihrem Dolchmesser entfernt sie das störende Gestrüpp, die Hände wühlen in dickem Moos und reißen ganze Stücke los. Da wird die Kante eines eisernen Kastens sichtbar. Fieberhaft arbeitet sie, um ihn ganz frei zu bekommen. An der einen Seite des Kastens hängt ein kleines Schloß. Sie erbricht es mit Hilfe des Dolches und öffnet den Deckel. Ein Aufschrei des Entzückens. Perlen- und Goldketten laufen ihr durch die Hände, Goldmünzen klimpern. „*Gold! Gold!*" Ihre bebenden Lippen bringen immer wieder diese Worte hervor. Sylvia ist wie trunken. Endlich kam das Gold zu ihr; nun wird sie ihr Leben einrichten nach ihrem Willen. Sie wird Apule, ihren Mann, zur Flucht bewegen. Gelingt es, wird sie ihn später verlassen und mit ihrem Schatz untertauchen in jene andere Welt, die ihr bis jetzt verschlossen war. Wieder nimmt sie der Anblick der Kostbarkeiten gefangen. Das Weib in ihr erwacht. Sie windet sich Goldketten um die nackten Arme, hängt sich Perlenketten um. Da — ein Geräusch! Es knackt im Gebüsch. Tiefer Schreck durchfährt sie. Sie duckt sich und lauscht. Nichts. Schnell streift sie sich die Ketten ab, wirft den Deckel des Kastens zu, und keuchend von seiner Last, schlägt sie sich seitwärts ins Gebüusch. Eine Perlenkette bleibt zurück, matt schimmert sie im Halbdunkel.

Als Sylvia mit eiligen Schritten, trotz der Last, die sie trägt, im Waldesinnern verschwindet, kommt durch die Stämme, die Zweige wie ein Tier niederbrechend, Pueblo. Plötzlich bleibt er stehen und horcht. Er hat einen Laut vernommen. War es ein sterbendes Tier? War es der Klagelaut eines Käuzchens? Am frühen Nachmittag ist das nicht möglich. Vorsichtig, dürre Äste vermeidend, geht er dem Laut nach. Da quackt es wieder. Er sieht sich um. Unter einer Myrrhe sieht er ein Bündel, das sich bewegt. Er schlägt das Tuch des Bündels auseinander und findet einen Säugling von einem halben Jahr, der mit seinen Fingern spielt und zufrieden gluckst. Man hat ein Kind ausgesetzt, fährt es Pueblo durch den Kopf. Eine vornehme Dame, die sich des Kindes entledigen wollte. Sicher ist ein Schatz dabei. Das Tuch ist zwar armselig wie ein Zigeunertuch, doch das kann nicht sein. Er hebt das Kind aus dem Tuche auf. Er schüttelt das Tuch. Es ist nichts zu sehen. Seine Augen durchstreifen die nächste Umgebung. Dort ist das Gestrüpp auseinandergerissen, das Moos aufgewühlt. Dort muß der Schatz gewesen sein. Kommt er zu spät? Da schimmert etwas matt. Er bückt sich, hebt es auf. Es ist eine Perlenkette, wie sie die feinen Damen um den Hals tragen, die er in Rom oft gesehen hat. *„Nun kannst du leben, Kleiner, du hast deine Geburtstagsgabe mitgebracht."* Er wickelt den Knaben in das Tuch, läßt die Kette in seine Tasche gleiten und sucht seinen Zigeunerstamm auf, der eine halbe Meile von hier rastet. Am nächsten Tag werden sie weiterziehen, der Straße entlang, die nach Rom führt. Seine Stammesgenossen protestieren. Was sollen sie sich mit einem fremden Kind, das noch nicht einmal allein essen kann, belasten. Estritha tritt zu Pueblo, sie hat auch einen Knaben im Alter des Findlings. Sie schaut sich den Knaben an. *„Ich glaube, er ist von guten Eltern." „Nähre ihn mit dem deinen, es soll dein Schade nicht sein. Ein Zehntel meines Verdienstes gebe ich dir dafür."* Estritha nickt mit dem Kopfe, nimmt Pueblo den Knaben aus dem Arm und verschwindet in ihrem Zelt.

Das Kind wächst heran mit seinem Ziehbruder, doch es waltet keine Liebe zwischen ihnen, denn der Ziehbruder neidet ihm jede Gabe. Er ist rauh, doch Myrrhio, wie sie den Jungen nennen, weil sie ihn unter einer Myrrhe gefunden, ist weicher, träumerischer und zum Guten bereit. Pueblo nimmt den Jungen, als er sechs Jahre zählt, in sein Zelt, was die Abneigung des Ziehbruders verstärkt und seinen Neid noch mehr reizt. Pueblo unterweist Myrrhio in den Künsten des Reitens, aber auch des Stehlens, denn es ist doch keine Sünde, demjenigen zu nehmen, was er an Überfluß besitzt. *„Den Armen schone"*, sagt Pueblo. Der Junge sieht manchmal feine Kaufherren, die

von Reisigen geschützt, mit großen Wagen auf der Straße nach Rom ziehen. Er schaut an seinem kümmerlichen Wams herunter und fragt Pueblo: *„Weshalb haben die so schöne Kleider?" „Damit wir sie ihnen nehmen können."*
In seinem zehnten Lebensjahre kommt Myrrhio nach Rom. Die Zigeunerstämme wagen sich hinein, weil das Fest der Heiligen Petrus und Paulus gefeiert wird.
Der Junge ist fasziniert vom Getriebe der großen Stadt, von den vielen feinen Leuten, und ehe es Pueblo gemerkt hat, ist Myrrhio verschwunden. Er ist mit dem Strom der Menschen gezogen, die die Peterskirche aufsuchen. Er drückt sich an ihnen vorbei in die Kirche hinein und kauert sich in der hinteren Ecke nieder. Der gleißende Altar, die brennenden Kerzen, es ist das Bild einer anderen Welt. Er hat nicht gewußt, daß es so etwas gibt. Er kennt nur die Wälder, die Tiere, Streit, Mord und Diebstahl. Da wohnt also Gott. Aber was tut Gott? Straft er? Die Kerzen flackern. Gesang rauscht auf. Es singen die Leute. Doch dort am Altar stehen zwei lichte Wesen. Das sind keine Menschen — die kommen wohl von Gott? Myrrhio schlägt die Hände vor das Gesicht. Weshalb darf ich nicht lernen, was diese Leute wissen? Es ist ihm, als ob seine Sinne vergehen vor Schmerz — und plötzlich sieht er sich selbst, angetan mit prächtigem Gewande, er führt eine schöne Frau an der Hand. Er ist es, er sieht sich. Sie knien vor dem Altar und der Priester segnet sie. Der Priester spricht: *„Graf Erek von Lichtenau, willst du geloben, das Edelfräulein Adelheid von Merswin zu deinem Weibe zu nehmen? So sprich Ja."*
Myrrhio sagt: *„Ja."* Er sagt es so laut, daß sie Leute sich in der Kirche umdrehen. Sie fangen an zu murren. Myrrhio hat die heilige Handlung gestört, man weist ihn hinaus. Draußen taumelt er durch die Sonne. Hat er geträumt? Er weiß es nicht. Tagelang sucht er seinen Stamm, bis er ihn findet. Pueblo ist

glücklich, als er den Jungen wiedersieht. Myrrhio stürzt auf Pueblo los: *„Hast du einen Erek von Lichtenau ermordet?"* Pueblo weicht einen Schritt zurück. *„Wie kommst du darauf?" „Ich habe ihn gesehen." „Wen hast du gesehen?"* Pueblo forscht weiter; durch sein Gehirn zieht der Tag, wo er den Jungen mit der Perlenkette fand. Pueblo schüttelt den Kopf: *„Ich habe keinen dieses Namens gekannt."*
Myrrhio ist von diesem Tage an noch verschlossener. Er meidet das Lagerfeuer. Er versucht immer wieder, die Landstraße zu erreichen, die ihm Unterhaltung und Zerstreuung bringt. Inzwischen beobachtet ihn Pueblo mit Argwohn. Eines Tages hält er den Jungen fest. *„Setz dich zu mir"*, sagt er, *„ich will dir etwas erzählen. Du findest das Leben bei uns nicht schön, auch ich finde es oft nicht schön. Wir sind verdammt dazu, unseren Weg zu gehen, bis einmal ein Dolchstoß diesem Leben ein Ende macht und wir zu einem besseren erwachen."* Myrrhio hebt den Kopf, seine Augen hängen gespannt am Mund des Alten. *„Wenn man tot ist, kann man doch nicht wieder zu einem Leben erwachen, Pueblo? Dann ist doch alles vorbei." „Unsere Alten haben einen anderen Glauben."* Pueblo runzelt die Stirn, er denkt angestrengt nach. Was hatte ihm damals die alte Nonja erzählt, die über hundert Jahre alt war, als sie starb. Wie war das doch? *„Weißt du, der Mensch hat eine Seele, so sagen die Pfaffen. Diese Seele, die wohnt in dir. Sie spricht auch manchmal mit dir. Sie kommt schon von anderen Leben. Dort hat sie gesündigt, deshalb kam sie in so einen Körper wie den unsrigen. Hier soll sie büßen. Wenn du einen Dolchstoß bekommst, verläßt du deinen Körper. Die Seele geht zurück, wovon sie ausgeschickt. Dann hast du gesühnt, und vielleicht wirst du dann nächstes Mal ein großer Herr. Aber bei unserm Handwerk ist wenig Aussicht dazu." „Ich hasse auch euer Handwerk, Pueblo, ich will nichts mehr davon hören. Ich gehe meinen Weg für mich, wenn*

ich noch ein paar Jahre habe." „Versuche das nicht, Myrrhio, es könnte deinen Tod bedeuten." „Und was bedeutet Tod, wenn es danach etwas besseres gibt?" Myrrhio ruft es verzweifelt. *„Du hast mich gefunden, Pueblo, hättest du mich verhungern lassen. Ihr wißt nicht, woher ich bin, ihr könnt mich nicht halten. Dort, wo die Kerzen brennen, dort will ich hin. Fünf Jahre habe ich nun keine brennende Kerze mehr gesehen." „Was willst du mit brennenden Kerzen, dann mußt du zu den Pfaffen gehen. Für uns gibt es Lagerfeuer, keine Kerzen." „Ihr fahrt nächste Woche in die Stadt. Nehmt mich doch mit, Pueblo, ich möchte noch einmal in eine Kirche gehen." „Und dann, dann willst du dich drücken?" „Nein, Pueblo, ich verspreche dir, daß ich wieder zurückkomme."*

An einem der folgenden Tage rasselte der Zigeunerwagen über die holprige Landstraße der Stadt zu. Pueblo sitzt auf dem einen Zugpferd und Myrrhio auf dem anderen. Es ist ein wunderbarer Frühlingstag. Myrrhios Herz klopft vor Freude. Pueblo hat ihm einen neuen Kittel gegeben. Sie wollen das Tuch, das sie vor längerer Zeit einem Reisenden geraubt haben, in Geld umsetzen. So dürfen sie nicht abgerissen aussehen. In der Stadt ist Markttag. Es gibt allerlei zu kaufen, angefangen vom Ei bis zu Eseln und Pferden. Die Nährmutter Myrrhios richtet den Stand mit dem Tuch, und neben ihr hantiert ein junges Zigeunermädel, noch in den Kinderschuhen steckend, aber umgeben von zartem Liebreiz. Man kann nichts Böses bei ihr vermuten. Die beiden Halbwüchsigen sind diejenigen, die das Publikum anlocken und den ehrlichen Erwerb der Ware dokumentieren sollen. Myrrhio steht versonnen, als die Glocken von der nahen Abtei den Mittag einläuten. Glocken sind etwas Wunderbares. Myrrhio schaut empor zum hohen Turm, dann stiehlt er sich hinweg. Er bestritt zögernd den Glockenturm. Dort stehen Halbwüchsige wie er an den Seilen und schwingen und senden den Gruß hinaus für das christliche Volk. Sie sind bereits dem Herrn geweiht und tragen die dunkle Kutte ihres Ordens. „*Was willst du hier*", herrscht ihn einer an, als er die Tür öffnet. Mißtrauisch schauen die anderen auf Myrrhio. Mit bittenden Händen steht Myrrhio vor ihnen. „*Laßt mich einmal läuten*", sagt er. Sie schütteln die Köpfe. Doch plötzlich zupft ihn einer am Ärmel: „*Komm, läute für mich. Du mußt mit dem Seil hochspringen.*" Myrrhio faßt schnell zu. Ein glückliches Lächeln tritt auf sein Gesicht, als er die Glocke läutet. Er paßt sich intuitiv der Klangstärke der anderen an, und schwingt im selben Rhythmus, später leiser werdend, dann mit den anderen verklingend. Als die anderen die Hände frei haben, umringen sie ihn. Sie bestürmen ihn mit Fragen, doch er schüttelt nur den Kopf. Er kann doch nicht sagen, daß er ein Zigeuner ist. Als sie immer wieder seinen Namen hören wollen, wirft er den dunklen Kopf zurück und ruft: „*Ich bin Erek von Lichtenau, nun wißt ihr es.*" Dann ergreift er die Tür und jagt mit wilden Sprüngen über den Platz dem Markte zu.

Seit diesem Tage ist Myrrhio noch eigenartiger und verschlossener. Dies ändert sich auch in den nächsten Jahren nicht. Im Stamm wird deshalb viel über das Findelkind gemurrt, das nicht zu ihrem Handwerk passe. Der größte Hetzer ist der Ziehbruder Myrrhios. Er will gehört haben, wie Myrrhio im Walde Gespräche mit sich selbst hielt. Die ganze Jugend des Stammes hetzt er gegen ihn auf. Sind Raubzüge angesetzt, so ist Myrrhio tagelang verschwunden. Auch die Alten des Stammes fangen an zu murren. Sie schlagen vor, ihn zu ächten und des Stammes zu verweisen. Doch Pueblo sagt: „*Was habt ihr davon. Er kennt uns alle. Er kann uns an den Galgen bringen, wenn ihr ihn aus dem Stamme ausstoßt.*" Plötzlich ändert

Myrrhio sein Wesen. Er wird aufgeschlossener, er sorgt dafür, daß er auch hier und da ein Schmuckstück erwischt. Woher die Veränderung kommt, weiß keiner. Myrrhio ist oft halbe Tage abwesend, dann streift er durch den Wald, erlegt Wild für die Mahlzeiten und sammelt Vogeleier. Auf solch einem Streifzug begegnet er eines Tages einer jungen Zigeunerin, die am Bach ihre Füße wäscht. Sie hat nicht das blauschwarze Haar der Zigeuner. Es läuft ein rötlicher Schimmer durch ihr Haar, wenn die Sonne darauf scheint. Ihr Stamm behauptet, die Zigeunerin Madiana, ihre Mutter, habe das Kind von einem Mailänder Kaufmann bekommen, der einige Tage und Nächte im Lager gefangen worden war. Als Myrrhio dieses Mädchen sieht, ist er stark von seiner Schönheit beeindruckt. Es ist auch viel sauberer angezogen, als seine Stammesgenossinnen, wenn es auch wie diese die schreienden Farben bevorzugt. Myrrhio schleicht sich langsam an das Mädchen heran. Er wirft einen Kieselstein in den Bach, um es aufmerksam zu machen, ohne es zu erschrecken. Das Mädchen wendet nicht einmal den Kopf, als der Kieselstein ins Wasser fällt. Auf einmal sieht sie sich rasch um, sie hat Geräusche gehört. Erschreckt tritt sie einen Schritt zurück, als der fremde junge Mann neben ihr steht. Abwehrend streckt sie die Hand aus. *„Hab' doch keine Angst"*, sagt Myrrhio in der Sprache seines Stammes. Da fliegt ein Lächeln über ihr Gesicht: *„Ich habe auch keine"*, gibt sie kurz zurück und zupft an ihrem Halstuch. Myrrhio stellt viele Fragen. Wo ihr Stamm sei, ob sie schon lange hier im Walde weile. Sie gibt auf alles arglos Antwort. *„Ich heiße Myrrhio"*, sagt er, *„ich bin vom Stamme des Pueblo. Hast du von ihm schon gehört?"* *„Myrrhio"*, sie klatscht lachend in die Hände, *„ich heiße Myrrjam."* *„Da passen wir ja gut zusammen"*, meint Myrrhio. *„Das kann schon sein"*, lacht das Mädchen, ihn kritisch musternd. Sie lassen sich am Bache nieder und bleiben sitzen, bis die Sonne untergeht, dann eilen sie in verschiedene Richtungen auseinander. Von jener Stunde an treffen sie sich oft am Bach. Myrrjam ist keck und aufgeschlossen, trotzdem liegt eine gewisse Schwermut über ihr. „*Mein Vater war kein Zigeuner*", sagt sie eines Tages. Myrrhio horcht auf. „*Haben sie dich auch gefunden?*" „*Gefunden? Nein. Meine Mutter liebte einen Mailänder Kaufherrn. Sie wäre deshalb fast vom Stamme ausgestoßen worden, erzählte sie mir einmal. Doch weshalb fragst du: auch gefunden?*" „*Weil ich ein Findling bin.*" „*Aber du siehst doch aus wie ein Zigeuner*", sagt sie zweifelnd. Myrrhio klopft auf seine Brust: „*Aber darinnen bin ich kein Zigeuner.*" Myrrjam schweigt. Auch er schweigt eine Weile. Dann sagt er unvermittelt: „*Willst du nicht zu unserm Stamm übersiedeln und mein Weib werden, oder hast du einen anderen Burschen?*" „*Ich habe keinen anderen Burschen, sie sind mir zu rauh. Ich will überhaupt keinen Zigeuner heiraten.*" „*Wir brauchen ja auch nicht beim Stamm zu bleiben*", gequält sagt es Myrrhio. „*Wenn wir zusammengehören, werde ich dafür sorgen, daß wir Geld haben. Dann werden wir eines Tages zu den Menschen in die Stadt gehen, die einen Gott haben und eine Kirche. Weiß du, was eine Kirche ist, Myrrjam?*" „*O ja, die großen Häuser mit dem Kampanile.*" „*Eine Kirche ist ein Haus, wo der Gott der Christen wohnt, mit vielen Kerzen und mit Engeln am Altar, die ihn bedienen, und man fällt auf die Knie, Myrrjam, und ruft um Hilfe, wenn man Leid hat. Ich war einmal als Kind in der Kirche. Da sah ich Brautleute. Die Braut — doch dreh dich um, Myrrjam, die Braut — sah aus wie du. Wende dein Gesicht zur Sonne, Myrrjam, die Braut warst du.*" Myrrjam springt auf: „*Was redest du für dummes Zeug. Wie kann ich denn die Braut gewesen sein?*" „*Ach, Myrrjam, laß nur. Das werde ich dir später erklären, aber was ich weiß, das weiß ich, und du wirst meine Frau.*"

Als Myrrhio an jenem Abend zurückkommt, brennen rings um den Lagerplatz des Stammes die Lagerfeuer, um die Tiere des Waldes von dem Platz fernzuhalten. Im Lager selbst herrscht Fröhlichkeit. Die Cymbeln klingen. Die Jugend tanzt in wilden Reigen, denn es ist wieder einmal ein großer Zug gelungen, und jeder hat eine Handvoll Gold mit nach Hause getragen. Nur Pueblo sitzt einsam an einem Feuer und stochert gedankenvoll in der Glut. Myrrhio geht der lauten Fröhlichkeit aus dem Wege, er läßt sich schweigend neben Pueblo nieder. Beim Nahen der Schritte hebt Pueblo den Kopf, forschend sieht er Myrrhio an, in dessen Augen ein feuchtes Glänzen liegt. Pueblo schüttelt den Kopf. Myrrhio ist ein sonderbarer Mensch, er versteht ihn nicht, soviel er sich auch Mühe gibt, denn im Grunde seines Herzens liebt er den Jungen. „*Weshalb warst du wieder nicht dabei, als der reiche Wagen der venezianischen Kaufleute erbeutet wurde?*" „*Ich habe keine Freude an eurem Handwerk, Pueblo. Doch ich werde jetzt öfter mitkommen, denn ich brauche Ketten und Spangen und Ringe.*" „*Wofür brauchst du denn diese*", der Alte fragt es betroffen. „*Ich habe ein Mädchen, Pueblo. Sie ist von einem anderen Stamm, einige Meilen nordwärts von uns.*" „*Vom Stamm des Cäsario?*" „*Wer ist das Mädchen?*" „*Myrrjam heißt sie. Ihr Vater war kein Zigeuner.*" „*Ach so, ich weiß. Ihr Vater war kein Zigeuner, deshalb paßt ihr wohl zusammen.*" „*Weißt du, Pueblo, ob mein Vater auch kein Zigeuner war?*" „*Woher soll ich das wissen?*" „*Du hast mich doch gefunden. Es werden doch wohl Merkmale dabei gewesen sen.*" Pueblo springt auf: „*Merkmale, vielleicht ein Schmuck, meint der junge Herr. Nichts war dabei. Ein paar dreckige Tücher, sonst nichts.*" Traurig wendet sich Myrrhio ab. „*Weshalb willst du ein fremdes Mädchen in den Stamm bringen, noch dazu ein Halbblut? Sie wird vielleicht gar nicht aufgenommen von den Ältesten. Ist dir Sandra nicht gut genug. Sie ist immer hinter dir her, aber du bist blind.*" „*Ich liebe Sandra nicht. Ich liebe Myrrjam und ich habe sie schon vor ein paar hundert Jahren geliebt.*" „*Vor ein paar hundert Jahren*", Pueblo lacht aus vollem Halse, „*wie kommst du nur auf solche Sachen, und doch, so unrecht hast du nicht. Was zusammen gehört, findet sich immer wieder zusammen. Die Alte sagte es damals.*" „*Komm setz dich, Pueblo, ich will dir etwas sagen. Ich will Hochzeit machen, bald. Aber ich will auch in die Kirche gehen.*" „*In die Kirche, was tust du in der Kirche? Wer läßt dich denn in die Kirche? Wir sind Zigeuner, wir gehören in keine Kirche.*" „*Ich weiß nicht, wie ich es machen werde, aber ich weiß, daß ich es mache. Vielleicht muß ich Geld spenden, Pueblo, damit man mich hinein läßt.*" „*Vielleicht mußt du erst jemanden totschlagen*", sagt Pueblo finster. „*Totschlagen werde ich keinen, aber Geld werde ich finden.*" Myrrhio steht auf, holt sich eine Decke und rollt sich in der Nähe des Feuers ein. Pueblo folgt seinem Beispiel. Langsam verglimmt das Feuer. Die Nacht ist sternenhell. Hier und da schreit ein Vogel auf, der im Schlafe gestört wurde. Allmählich schweigen auch die Cymbeln. Auf der anderen Seite des Lagers kehrt Ruhe ein.

Myrrhio wirft sich unruhig hin und her, bei ihm will kein Schlaf einkehren. Er braucht Geld, um in die Kirche zu kommen. Aber er will es nicht durch eine schlechte Tat gewinnen. Endlich siegt seine Jugend, auch er tritt in das Traumland ein. Da ist eine Hand — die wühlt in einer Kassette mit Steinen — auf einem Schiff ist es — das Schiff sinkt und die Kassette mit ihm. Er sieht, wie die Luftblasen in die Höhe steigen, dann sieht er die Kassette verwickelt in Algen. Sie ist gar nicht tief gesunken. Der Deckel ist zugeklappt, sie hängt in dem Geschlinge fest.

Der Mond ist aufgegangen, er scheint Myrrhio gerade ins Gesicht. Myrrhio erwacht. Gold, so deutlich hat er das Gold gesehen. Ringe und Spangen und Steine. Er seufzt tief. Ein Wunschtraum, oder wenn es wahr wäre?

Andern Tages holt er sich sein Lieblingspferd und reitet dem Meere zu. *„Führe mich, Bastia"*, er klopft ihr den Hals, *„so oft hast du mich geführt, altes Roß. Vielleicht auch schon vor ein paar hundert Jahren."* Er muß selbst darüber lachen. Dann drückt er die Schenkel heftiger in ihre weichen Flanken und das Pferd saust im langgestreckten Galopp mit ihm dahin, dem Meere zu. Weit draußen glitzert es verführerisch. Nach einer Stunde haben sie das Ufer erreicht. Es ist steil und felsig. *„Dort liegt Rom, Bastia, dorthin möchte ich mit Myrrjam. Du wirst uns dorthintragen."* Während Myrrhio mit dem Pferde spricht, bindet er es an einer einsamen Zeder fest, die sich über das Wasser neigt. Ein Bad könnte nicht schaden, meint er und entledigt sich seiner Kleider. Er klettert den glitschigen Felspfad hinab, nun schwimmmt er auf dem Rücken hinaus ins blaue Meer, und die Sonne schaut ihm gleißend ins Gesicht, wie heute Nacht der Mond. Eine halbe Stunde mag er so verbracht haben, dann schwimmt er dem Ufer zu. Spielerisch taucht er, ist bald mit dem Kopf, bald mit den Füßen unten. Plötzlich zieht er schmerzhaft seinen Fuß zurück. Er ist in etwas Zackiges getreten. Drei Spitzen sind in seinen Fuß gedrungen, in gleichen Abständen und gleich tief sind die Einschnitte. Myrrhio taucht noch einmal. Seine Hand will den Übeltäter finden und — findet ihn auch. Verwundert zieht er das Ding in die Höhe. Verschlammt und beschmutzt ist es, ein Stirnreif mit drei Symbolen, ein Kreuz, ein flammendes Herz, und in der Mitte eine Sonne. Beglückt trägt er den Fund ans Ufer. Er putzt ihn blank und sieht, daß es Gold ist, reines Gold, mindestens ein halbes Pfund schwer. Ein Stirnreif! Für die Madonna in der Kirche. Ihn will er den heiligen Vätern dort bringen. Myrrhio dreht die Krone hin und her. Das Sonnenlicht glitzert darauf, und er läßt es darauf spielen und freut sich an dem Glanze. Da hört er Schritte. Schnell verbirgt er den Stirnreif in seiner Bluse. Die Schritte verhallen. Myrrhio sieht niemanden, der sie verursacht haben könnte. Doch er ist mißtrauisch geworden. Er pflockt sein Pferd los und reitet mit ihm gegen Rom. Auf halbem Wege sieht er sich scheu um. Niemand folgt ihm, niemanden hört er. Soll er den Stirnreif hier vergraben, soll er ihn schon zu den heiligen Vätern bringen in der Abtei? In dem Wams? Er schaut mitleidig an sich herunter. Nein, in dem Wams nicht. Dann reitet er nach Westen, um wieder an das Meer zu gelangen. Mit seinen Händen gräbt er ein tiefes Loch, und versenkt darin den Stirnreif. Nun sucht er sich eine kleine Kiefer, die verloren am Strande steht, und pflanzt sie darauf. Von seinem Halstuch reißt er einen schmalen Streif ab und bindet ihn an dem untersten Teil des Kiefernstammes fest, um sie später wiederfinden zu können. Von diesem Tage an beteiligt sich Myrrhio an den Beutezügen. Sein Säckel füllt sich zusehends. Der alte Pueblo, mit dem er immer seinen Raub teilen muß, ist befriedigt. *„Was eine Liebe doch ausmacht"*, sagt er schmunzelnd. Myrrhio sieht rasch auf. Er betrachtet eben ein paar Ohrgehänge, die Myrrjam als Braut tragen soll. Mißtrauisch tritt Pueblo näher. *„Die hast du mir doch gar nicht gezeigt. Das sind richtige Rubine. Weißt du, daß Rubine Blut für eine Braut bedeuten?" „Ich weiß gar nichts von eurem Schnickschnack. Weshalb sollen sie Blut bedeuten? Stein ist Stein. Hier hast du etwas anderes dafür."* Er wirft Pueblo einen edelsteinbesetzten Dolch zu. Staunend betrachtet ihn Pueblo. *„Feine Arbeit"*, sagt er anerkennend, *„wer hatte den?" „Ich weiß es nicht mehr. Es ist ja auch ganz einerlei. Bald werde ich soviel haben, daß wir Hochzeit machen können. Dann mache ich noch eine Weile mit. Wenn ich soviel habe, daß ihr mich losgebt, kaufe ich mich frei."*

Pueblo schüttelt den Kopf. *„Wo willst du hin. Nimmt denn einer den Zigeuner?"* Myrrhio nagt an einem Halm, den er sich eben abgerissen hat. *„Ich weiß es nicht, Pueblo."*
Am nächsten Tag trifft Myrrhio mit Myrrjam am Bache zusammen. Er hat ein ganzes Bündel Ware bei sich, die er vor ihr ausbreitet. Einen roten Stoff für einen Rock, und einen goldenen für ein Mieder, auch einen Schleier hat er. Ein Spitzentuch, das sie auf das Haupt legen soll, wenn sie zur Kirche reiten. Vor kurzem hatte er eine junge Braut auf dem Fischmarkt gesehen. Denn einen ganzen Tag lang hatte er Fische im Netz gefangen, die er verkaufen wollte. Myrrjam hatte das Netz geknüpft, und er hatte viel Glück. Das Netz war schwer und voll. Einen ganzen Beutel Silbermünzen brachte er vom Markte mit nach Hause. *„Ehrlich verdient"*, sagte er zu Myrrjam, als er sie ihr zeigte. Diesen Beutel wollte er in den nächsten Tagen dem heiligen Vater in die Abtei bringen. Man konnte doch unmöglich Sündengeld dorthin tragen, wo die Heiligen wohnten. Deshalb verlegte er sich aufs Fischen. Als Myrrjam die Schätze, die Myrrhio mitgebracht hat, um sich ausbreitet und in Bewunderung ausbricht, knackt es hinter ihnen im Gebüsch und Hamre steht vor ihnen. Er hält einen Speer in der Hand, mit dem er einen Vogel erlegt hat. Spöttisch mustert er das Paar. *„Du scheinst wohl in deinen eigenen Säckel zu arbeiten, und nicht mehr für den Stamm"*, sagt er zu Myrrhio. Dieser sieht kaum auf, denn er haßt seinen Ziehbruder Hamre. *„Ich teile alles, was ich erbeute. Dies ist mein Anteil." „Das Mädchen willst du in unsern Stamm bringen?" „Wenn ich es so will, so geht es dich nichts an, denn du hast noch keine Stimme im Rat der Alten."* Myrrjam packt ängstlich ihre Sachen zusammen. Hamre geht des Weges, doch aus seinem Blick funkeln Neid und Haß. *„Ich fürchte mich vor diesem wilden Bruder."* Myrrjam sagt es leise, wie zu sich selbst. *„Weshalb solltest du dich*

fürchten? Er wird dir nichts tun; wenigstens öffentlich nicht", fügt Myrrhio nachdenklich hinzu. Doch sie sollten noch einmal gestört werden, denn des Weges kommt eine alte Zigeunerin. Sie hat Holz aufgebündelt, das wohl für das Lagerfeuer bestimmt ist. Erstaunt bleibt sie stehen, als sie die beiden bemerkt. Ihr Blick haftet unentwegt an Myrrhio. *„Soll ich euch helfen, Mutter? Wo wollt ihr das Holz hintragen?"* Der Alten knochige Hand weist nach Norden. *„Ich habe gar nicht gewußt"*, sagt Myrrhio, *„daß dort noch ein Zigeunerstamm haust." „Wir sind noch nicht lange hier. Wir kommen aus dem Normannischen"*, antwortet die Alte, während Myrrhio ihr das Bündel mit Holz vom Rücken nimmt. *„Doch, früher, vor vielen Jahren war ich einmal hier."* Die Alte spricht langsam und sinnend. *„Unser Stamm wurde zersprengt, denn es gab Streit um einen Schmuck." „Um einen Schmuck"*, Myrrhio sieht sie fragend an, *„habt ihr auch einen Schmuck gefunden?" „Es ist lange her — es ist so lange her, daß ich es vergessen habe."* Wieder fängt sich ihr Blick in den Augen Myrrhios. *„Man vergißt in diesem Leben und man vergißt das Leben vorher." „Das Leben vorher. Gibt es denn mehrere Leben?" „Wenn dieses das Einzige wäre, wäre es nicht wert, gelebt zu werden." „Setzt euch, Mutter"*, sagt Myrrhio, und zieht aus dem Bündel der Myrrjam ein Tuch hervor, *„erzählt mir, was ihr davon haltet. Ich will euch das Tuch dafür schenken."* Gierig greifen die Hände der Alten nach dem Tuch. *„Was gibt es schon darüber zu erzählen? Kann man einem Blinden erzählen, wie die Welt aussieht? So wenig kann man dir erzählen, wie dein früheres Leben aussah. Aber reich mir deine Hand. Die eine bedeutet dein früheres Leben, die andere dein jetziges. Laß sehen, ob es stimmt." „Von dem jetzigen will ich gar nicht viel hören, das kenne ich selbst. Welche Hand zeigt mein früheres Leben?" „Die linke."* Zögernd hält ihr Myrrhio die Hand hin. *„Oh"*, sagt sie, *„Geld, viel Geld war dein, viel*

Liebe, auch viel Haß. Ein jäher Tod in frühen Jahren." „*Kannst du sehen, ob ich verheiratet war?*" Die Alte drehte die Hand nach innen. „*Ja, du warst verheiratet.*" „*Ich war verheiratet, ich war reich. War ich kein Zigeuner, Mutter?*" „*Wenn du reich warst, wirst du kein Zigeuner gewesen sein.*" Sein Auge glüht. „*Aber, weshalb bin ich dann heute ein Zigeuner?*" „*Über den Leben stehen Schuld und Sühne. Eines greift in das andere.*" „*So werde ich wohl zu sühnen haben, Mutter?*" „*So wird es sein*", nickt die Alte. „*Wie ist dein Name, Mutter?*" „*Ich habe meinen Namen vergessen, ich hatte wohl schon viele Namen.*" Die Alte hebt das Bündel Holz, als ob sie plötzlich junge Kräfte bekommen hätte und ehe sich die beiden versehen, ist sie ihren Blicken entschwunden. Myrrjam faßt Myrrhio ängstlich an der Hand, doch er fühlt es gar nicht. Er sieht immer in die Richtung, wohin die Alte gegangen ist. So bleibt er lange Zeit versunken stehen. Myrrjam rüttelt ihn am Arm. „*Weshalb schaust du immer nach dieser Alten, sie ist doch sicher nicht ganz klar. Was sie dir für unsinniges Zeug erzählte. Mir graut vor solchen Dingen.*" Aufseufzend dreht sich Myrrhio um, dann faßt er ihre Hände. „*Weshalb haben wir deine Hände nicht gezeigt?*" „*Meine Hände*", Myrrjam hält sie schnell auf den Rücken, „*ich möchte nichts von der Zukunft wissen und nichts von der Vergangenheit. Mir graut vor der Zukunft, und die Vergangenheit war für mich bestimmt nicht besser.*" „*Nimm die Sachen mit*", sagt Myrrhio, auf den Ballen weisend, „*und mach sie schnell fertig. Ich will keine vier Wochen mehr warten, denn sonst werden wir nie mehr zusammenkommen.*"

Es ist ein heißer Augustmorgen, als Myrrhio wieder sein Pferd besteigt und den Weg nach Rom nimmt. Er reitet dem Meere zu. Seine Augen suchen den Strand nach der kleinen Kiefer ab, die er eingepflanzt hat. Schon ist er unsicher geworden. Er reitet wieder ein Stück zurück, dann sieht er auf einmal den roten Streifen seines Halstuches an dem kleinen Stamm. Er reißt den Baum heraus, schleudert ihn ins Meer, und entfernt vorsichtig die Erde. Nun hat er ihn wieder, den gleißenden Stirnreif. Seine Hände tasten ihn ab. Wo man ihn schließt, sind Zeichen eingeritzt. Er hatte sie gleich gefunden, aber er kann sie nicht enträtseln. Er steckt den Reif in sein neues Wams aus blauem Tuch und setzt den Weg nach Rom fort. Als er in die Stadt einreitet, begegnet er großem Trubel, denn der Kaiser ist heute in Rom. Viele Ritter und Reisige, viele Fahnen und Wimpel, viele schöne Frauen sind zu sehen. Myrrhio vermeidet die Hauptstraßen und reitet zu einer kleinen Herberge, in der Zigeuner und Schmuggler zusammenkommen. Dort gibt er sein Pferd ab. Er geht zu der Kirche, die der Abtei der heiligen Väter angehört. Er zieht den Klöpfer am Tor der Abtei. Ein Frater öffnet ihm: *„Wen suchst du hier?"* Myrrhio schluckt erst ein paarmal, dann sagt er: *„Ich möchte den heiligen Vater sprechen." „Einen heiligen Vater haben wir nicht, einen ehrwürdigen Vater haben wir"*, verweist ihn der Mönch. *„Dann führt mich zum ehrwürdigen Vater." „Und was ist dein Begehr von ihm?" „Das möchte ich ihm selbst sagen."* Der Frater schüttelt den Kopf, dann heißt er Myrrhio folgen. Er führt ihn in ein kahles Zimmer, wo nur ein paar Stühle und ein Betschemel stehen, an der Wand hängt der Gekreuzigte. Die Leute sagen wenigstens immer, es sei der Gekreuzigte. Weshalb man ihn nur gekreuzigt hat? Myrrhio wartet eine ganze Weile, dann hört er Schritte, die Tür öffnet sich. *„Ehrwürdiger Vater"*, sagt Myrrhio. Er beugt das Knie vor dem ehrwürdigen Greis, der in der Türe steht, und verwundert auf den jungen Zigeuner schaut. *„Du verlangtest mich zu sprechen, mein Sohn"*, sagt er mit ruhiger Stimme, *„komm, setz dich zu mir. Was führt dich hierher?" „Es ist schwer zu sagen, ehrwürdiger Vater. Ich bin ein Zigeuner, ich möchte keiner sein, doch ich bin* *dazu verdammt. Ich weiß nichts von diesem da"*, er zeigt auf das Kreuz, *„aber ich weiß, ihr habt große Kirchen, worin euer Gott wohnt. Wie kann man zu diesem Gott kommen?" „Durch die heilige Taufe kannst du zu ihm kommen." „So werden sie mich töten"*, antwortet Myrrhio. *„Dann bleibe hier, mein Sohn. Hier kann dich keiner töten." „Hier bleiben kann ich nicht, ehrwürdiger Vater, denn ich habe ein Mädchen, das will ich heiraten." „Weshalb bist du dann eigentlich gekommen?" „Weil ich euren Segen wollte, ehrwürdiger Vater."* Der alte Abt weiß nicht, was er davon halten soll. *„Wie kommst du zu solchen Gedanken?" „Ich weiß es nicht. In meiner Brust sind zwei. Der Eine aus einer früheren Welt."* Aufmerksam betrachtet ihn der alte Abt. Ein Lügner ist dieser Jüngling nicht. In seiner Seele ist ein Zwiespalt, aber woher kam dieser Zwiespalt. *„Du warst schon in einer Kirche?" „Ich war dort, als ich ein Knabe war. Ich sah ein Bild. Ach nein, es war kein Bild. Ich sah mich aus früherer Zeit, und ich wurde getraut mit einem schönen, jungen Weibe. Ich war kein Zigeuner, ich war ein Ritter. Ich habe dieses Weib wiedergefunden. Es ist eine Zigeunerin aus einem anderen Stamm. Ich will sie heiraten. Ihr sollt uns segnen und hier"*, Myrrhio riß sein Wams auf und zog den Stirnreif hervor, *„das habe ich gefunden. Ihr sollt es der Jungfrau Maria schenken, die in eurer Kirche ist."* Erstaunt nimmt ihm der Abt den goldenen Reif aus der Hand. *„Wo hast du ihn gefunden, mein Sohn?" „Im Meer, ehrwürdiger Vater." „Der Reif ist sehr schön. Er trägt die Jahreszahl anno domini 1185. Ein Reif aus Barbarossas Zeit. Wir schreiben jetzt anno domini 1242, wie lange mag er im Meere gelegen haben, und wie ist er dorthin gekommen"*, sinnend sagt es der Abt, dann legt er den Reif auf den Betschemel. *„Komm in der nächsten Woche um dieselbe Zeit. Ich will um Erleuchtung bitten."*

Myrrhio schleicht ganz benommen aus der Abtei. Es sind so-

viele Menschen unterwegs, daß er nur mit Mühe zu der kleinen Herberge kommt. Dort wirft er einige Silberlinge auf den Tisch, nimmt sein Pferd und reitet im raschen Tempo über die Tiberbrücke zur Stadt hinaus. Immer wieder kehren seine Gedanken zu dem ehrwürdigen Vater zurück, zu der stillen Klause, wo der Gekreuzigte hängt. Er achtet kaum des Wegs, den sein Roß ganz allein findet. Da sieht er vor sich eine Staubwolke, die ein Reiter verursacht, der sich in gestrecktem Galopp schnell nähert. Myrrhio biegt mit seinem Pferde etwas seitwärts, um den Reiter an sich vorbeirasen zu lassen. Als dieser näher kommt, erkennt er zu seinem Erstaunen Hamre. Die Haare flattern ihm wild um den Kopf, die Bluse ist aufgerissen und zeigt die nackte Brust. Auch Hamre erkennt ihn und stoppt sein Pferd. Mit fliegenden Flanken steht es still. Myrrhio reitet auf ihn zu, da sieht er, daß von Hamres Stirn Blut tropft. „*Was ist geschehen*", fragt Myrrhio bestürzt. „*Sie haben uns überfallen. Der Stamm ist zersprengt. Pueblo ist tot.*" „*Tot*", sagt Myrrhio. „*Wer hat euch überfallen?*" „*Kriegsknechte, die unterwegs waren, um dem jungen Kaiser zu huldigen. Wir hatten eben verschiedene Kaufleute aufgehalten und wollten die Ware abtransportieren, da kam eine Schar Kriegsknechte, verfolgte uns bis hoch ins Gebirge, und zersprengte den Stamm. Pueblo, der als Letzter das Pferd erreichte, bekam das Eisen ins Herz.*" „*Wo sind die Kriegsknechte jetzt?*" „*Sie sind teilweise noch in den Bergen, der andere Teil wird wohl gegen Rom ziehen.*" „*Was machst du dann hier auf der Straße, wo dich jeder sehen kann?*" „*Ich bin ohne Sinn geflohen, denn ich habe zwei getötet.*" „*So laß uns schnell von der Straße verschwinden*", sagt Myrrhio, schlägt seinem Pferd in die Flanken und rast querfeldein. Hamre lacht höhnisch: „*Nun wird er ihnen gerade in die Hände laufen.*" Er reitet gegen Rom weiter.
Myrrhio hat bald die Ebene hinter sich und reitet in das Ge-

birge hinein. Plötzlich hört er direkt hinter sich das Klappern von Hufen. Er löst das Messer von seinem Gurt und wendet sich um, doch er sieht nichts. Trotzdem hört er weiter das Klappern der Hufe, es ist ihm, als drängte sich ein Reiter dicht neben ihn. Sein Pferd nimmt den Weg nach links, er versucht es nach rechts zu ziehen, doch das Pferd ist störrisch und behält die Richtung nach links bei. Neben Myrrhio klappern die Pferdehufe weiter. Immer wieder wendet er sich um, doch er sieht nichts. Man muß den Tieren ihren Willen lassen, denkt er und läßt das Pferd gewähren. Es läuft weiter stur nach links die Höhe hinauf, zwängt sich durch Olivenbäume hindurch und erreicht nach fast einstündigem Ritt ein Plateau, das den Blick freigibt. Die Sonne ist im Sinken. Weit draußen liegt das Meer, und unten auf der Straße, von der man eine kurze Strekke sehen kann, kommt ein Zug normannischer Ritter. Sie führen zwanzig Leute seines Stammes an Stricken zwischen ihren Pferden. Bis jetzt hat Myrrhio noch nicht darüber nachdenken können, wie einschneidend ihn das Schicksal getroffen hat. Stammlos bedeutet heimatlos. Pueblo, der gute Alte, ist tot. Besser tot, als da unten mitzumarschieren. Erschöpft läßt sich Myrrhio unter den Bäumen nieder. Er sitzt ganz benommen da. Er kann es nicht fassen, daß in der Zeit, in der er beim ehrwürdigen Vater war, der ganze Stamm vernichtet worden ist. Das Schlimmste ist, daß sie Pueblo getötet haben, und wo mag Hamre hingeritten sein? Noch dazu in einem Zustande, der bestimmt im menschenüberfüllten Rom die Blicke aller auf ihn zieht. Alles ist an Myrrhio vorbeigezogen wie ein Traum. Ein Traum war sicher auch das Klappern der Hufe, die er während der Flucht immer hinter sich hörte. Doch weshalb ließ sich das Pferd abdrängen und gehorchte nicht seiner Hand? Die Sonne sinkt im Westen, und die Dämmerung breitet sich zwischen den Bäumen aus. War es ratsam, hier zu bleiben. Sicher besser, als in das Lager zurückzukehren. Er will es gar nicht mehr sehen, das Lager. Doch, Pueblo muß er noch begraben! Sie hatten ihn bestimmt liegen lassen. Morgen früh wird er hinuntergehen und Pueblo begraben. Die Augen werden Myrrhio schwer und immer schwerer. Mühsam sucht er nochmals die Vorgänge des ganzen Tages zusammenzufassen, doch es gelingt ihm nicht mehr. Wilde Träume beherrschen sein Gehirn. Er sieht Pueblo lächelnd vor sich stehen, und plötzlich sieht er Hamre und da weiß er, Pueblo ist nicht durch die Reiter getötet worden. Hamres Messer steckt in seiner Brust. Weshalb tat Hamre das? Aus Pueblos Brustlatz hängt eine Perlenkette, Hamre greift danach und reißt sie dem Toten weg. Dann sucht er zu entkommen.

Myrrhios Schlaf ist weniger tief, er schlägt um sich und erwacht. Der Mond scheint zwischen den Bäumen hindurch, ein Käuzchen schreit in der Ferne. Myrrhio muß sich erst besinnen, wie er hierher kam. Sein Pferd weidet ruhig. Das gibt auch ihm eine Beruhigung. Trotzdem kann er keinen Schlaf mehr finden.

Als der Tag graut, setzt er sich auf sein Roß und reitet dem Lagerplatz zu. Der Weg dorthin ist weiter, als er gedacht hat, denn er wurde ein ganzes Stück nach Norden versprengt. Als er die größte Strecke zurückgelegt hat, besinnt er sich eines Besseren. Er sucht den Stamm Myrrjams. Um die Mittagsstunde sieht er das erste Lagerfeuer durch die Büsche glänzen. Als er näher tritt, entdeckt ihn sofort Myrrjam, die die ganze Nacht in großer Sorge verbracht hat.

Es ist längst bekannt, daß Pueblos Stamm vernichtet wurde. Einige Frauen des Stammes sind herübergeflüchtet und haben erzählt, daß von den 40 Männern kaum einer übrig geblieben ist. Von Myrrhio weiß keine etwas zu berichten.

Als ihn Myrrjam entdeckt, fliegt sie auf ihn zu. Sie hält ihn an der Hand fest und bricht in bitteres Weinen aus. *„Ich wollte nicht mehr leben, Myrrhio, wenn sie dich gemordet hätten." „Ich war gar nicht in ihrer Nähe, ich war beim ehrwürdigen Vater in der Abtei."* Sie können nicht weitersprechen, weil sich der ganze Stamm um sie versammelt.

Myrrhio erzählt, was er von Hamre weiß, und was er von oben, vom Berge, beobachtet hat. Dann geht er zu Alphonso, dem Ältesten, und sagt ihm, daß er Myrrjam zum Weibe wolle und bittet um Aufnahme in den Stamm. Während sich die Männer zur Abstimmung zurückziehen, bleibt Myrrhio bei Myrrjam sitzen. *„Wir werden nächste Woche in die Abtei reiten. Ich sollte eigentlich allein kommen, aber ich werde dich mitnehmen, Myrrjam." „Es ist gut, daß du hier bist, Myrrhio. Es ist auch gut, daß du nun zu uns gehörst. Nun kann uns keiner mehr trennen." „Wer sollte uns trennen?"* Myrrhio sieht das Mädchen fragend an. *„Keine Macht kann uns trennen."*

Die Männer des Stammes rufen nach Myrrhio. Sie teilen ihm mit, daß er einstimmig aufgenommen ist. Myrrhio bedankt sich. Er zieht aus seiner Tasche einen Beutel mit Silberstükken, übergibt ihn Alphonso und sagt: *„Das ist für euch."* Alphonso holt einen Dreifuß. Er spießt die spitzen Füße desselben in den Waldboden, legt die flache Hand auf die Platte und sagt zu Myrrhio: *„Lege deine Hand auf die meine und sprich nach, was ich dir vorspreche. Ich schwöre bei den Geistern des Waldes, daß ich dem Stamm in allen Unternehmungen dienen, und den Befehlen der Ältesten gehorchen werde. Ich weiß, daß ich mein Leben verwirke, wenn ich dagegen handle. Ich schwöre, daß ich den Kirchen und Priestern fern bleiben will!"* Myrrhio zieht heftig seine Hand von der Hand Alphonsos. *„Das verspreche ich dir nicht."* Erstaunt heben die Männer die Köpfe. *„Was habt ihr davon, wenn ich verspreche, was ich nicht halten will." „Du kannst nicht zweien gehorsam sein"*, sagt Alphonso, sein

Haupt ist bereits grau. *„Der Pfaffengott macht lendenlahm."* *„Ich kenne ihn nicht"*, sagt Myrrhio, *„doch ich weiß, daß es in meinem Innern brennt, ihn kennenzulernen. Ich verspreche euch, euch niemals zu schaden. Genügt euch das nicht?"* Ein Gemurmel geht durch die Reihen, dann sagt einer: *„Er ist immer ein Sonderling gewesen, der Myrrhio, aber ein Verräter ist er nicht."* *„So wollen wir es dabei bewenden lassen"*, sagt Alphonso und nimmt seinen Dreifuß weg.

Myrrhio steht erschüttert inmitten der Verwüstung des Lagers. Seine Ziehmutter hat man getötet. Er gräbt eine Grube und bestattet sie. Von Pueblo findet er nichts. Wo sein Lagerplatz war, ist ebenfalls alles zerstört und durcheinandergeworfen. Gut, daß Myrrhio seine gesammelten Schätze nicht im Lager hatte. Er hat sie an der Stelle des Baches vergraben, wo er mit Myrrjam zum ersten Mal zusammentraf. Nun fängt er einige Pferde ein, die unruhig hin- und hertraben und treibt sie zum Lager des Alphonso. Myrrjam ist immer in seiner Nähe. Sie will sich nicht mehr von ihm trennen. Zu sehr hat sie die Angst erschüttert, als sie nicht wußte, wo sie ihn suchen sollte. Nun führen sie zusammen die Pferde durch den Wald, und überhören vollkommen, daß jemand hinter ihnen hergeht. Es ist die alte Zigeunerin, die sie vor einigen Tagen getroffen haben. Sie schreitet lautlos hinter den beiden her und murmelt immer wieder etwas vor sich hin. Dann schüttelt sie heftig den Kopf. *„Die Jahre würden stimmen"*, sagt sie. Ein schweres Gewitter zieht auf, Blitze zucken, der Donner grollt. Da kriecht die Alte in das Waldesdickicht zurück. Auch Myrrhio und Myrrjam suchen Schutz unter den Bäumen. Plötzlich zieht er Myrrjam wieder mit sich: *„Komm, wir müssen hier weg."* *„Wer sagt dir das"*, fragt Myrrjam ängstlich. *„Der Pueblo hat es mir gesagt. Ich hörte ganz deutlich seine Stimme. Komm,*

laß uns laufen", er faßt Myrrjam an der Hand und rast mit ihr eine Viertelstunde, ohne stehen zu bleiben, immer weiter in die Berge hinein. Die Pferde haben sich, verängstigt durch den heftigen Donner, losgerissen und galoppieren dem alten Lagerplatz zu. Kaum sind die beiden im Waldesdickicht verschwunden, erscheint Hamre. Er späht nach rechts und links, kann aber niemanden mehr erblicken. Sein Gesicht ist verzerrt vor Wut. Er steht unter dem Baum und sucht nach den Fußspuren. Da fährt ein greller Blitzstrahl hernieder, er fällt den Baum, eine Feuerlohe steigt hoch. Leblos liegt Hamre unter dem Stamm. Bebend kriecht die Alte aus dem Gebüsch, sie sieht den vom Blitz gefällten Baum, darunter den toten Zigeuner. Ein irres Lachen girrt von ihren Lippen und sie läuft durch den Regen den Weg zurück, den sie gekommen war.
Es ist, als ob mit diesem Blitz und Donner die Macht des Gewitters gebrochen ist, noch einige große Tropfen fallen, dann schaut der blaue Himmel durch die abziehenden Wolken. Myrrhio und Myrrjam stehen Hand in Hand, als sich ein Regenbogen über das Land spannt. „*Du bist ein seltsamer Mensch*", meint das Mädchen, „*was hast du dauernd für Gesichte, man könnte Angst vor dir bekommen.*" „*Gesichte hat jeder Zigeuner*", Myrrhio schaut über das Mädchen hinweg, „*er hat einen Sinn, der den anderen fehlt. Ich habe es oft beobachtet. Wenn ich in Gefahr bin, ruft mich jemand, und ich muß ihm unbedingt Folge leisten. Es war bisher immer zu meinem Glück. Du bist ja nur eine halbe Zigeunerin.*" Myrrjam lacht: „*So laß uns doch nachsehen, was unter der Korkeiche passiert ist, wenn wir stehengeblieben wären.*" Myrrhio nickt zustimmend. Sie gehen Hand in Hand den Weg zurück. Schon von weitem sehen sie, entsetzten Blickes, daß die Eiche nicht mehr steht. Der Blitz hat sie getroffen. „*Siehst du*", sagt Myrrhio, „*der Pueblo hat mich gewarnt.*" Myrrjams Augen weiten sich: „*Was ist*

das? Es liegt ein Mensch unter dem Baum." Mit einigen schnellen Sprüngen ist Myrrhio zur Stelle. „*Hamre*", sagt er, „*er ist tot. Er ist vom Blitz erschlagen."* Sie ziehen ihn mit viel Mühe unter dem Geäst hervor. Noch immer ist sein Gesicht vor Wut entstellt. Myrrhio nimmt ihm das Messer aus dem Gurt. Er untersucht seine Taschen und findet darin, neben minderwertigem Kram, eine wundervolle Perlenkette. Er besieht sie sich von allen Seiten. Hat er sie nicht einmal in Pueblos Besitz gesehen? Es muß so sein. Es ist Pueblos Kette. Verächtlich stößt er mit dem Fuß nach dem Toten. „*Wir lassen ihn, wie ihn die Geister geschlagen haben, jene Geister des Waldes, denen ich heute schwor. Du sollst die Kette haben, Myrrjam, wenn wir nächste Woche zu dem ehrwürdigen Vater reiten."*

Die Sonne, die eben im Osten aufgezogen ist, fällt in schrägen Strahlen auf die Lichtung am Bach, wo sich Myrrhio und Myrrjam immer treffen. Sie hüllt die alte Zigeunerin ein, die hastig hin und her trippelt, bald einige Meter aufwärts, dann wieder abwärts am Bach, und mit ihren Augen den Rasen absucht. Plötzlich scheint sie gefunden zu haben, was sie sucht. Sie läßt sich zwischen dichtem Gebüsch nieder, fühlt mit der Hand und sagt aufatmend: „*Hier ist es. Hier hat er es vergraben."* Zwischen ihrem faltenreichen Rock zieht sie einen Holzlöffel hervor und scharrt die Erde beiseite. Bald fühlt sie einen Lederbeutel. Ein triumphierendes Lächeln huscht über ihr altes verhunzeltes Gesicht, doch sie nimmt den Lederbeutel nicht heraus, sondern nestelt an ihrem Tuch herum und bringt einen kleinen Kasten hervor, den sie zu dem Lederbeutel steckt. Dann wirft sie die Erde wieder darüber und tritt sie mit dem Fuß fest. Wie gekommen, so verschwindet sie auch wieder, ohne sich noch einmal umzusehen.

Langsam steigt die Sonne höher und beginnt ihren täglichen Lauf. Es mag wohl eine Stunde vergangen sein, da hört man Hufgeklapper, und bald brechen durch die Zweige Myrrhio auf seinem treuen Roß und hinter ihm, auf einem weißen Zelter, Myrrjam, im Festgewand der Zigeunerbraut. Beide springen zu gleicher Zeit ab und binden ihre Pferde fest. Myrrhio geht zu dem Strauch, er sieht die frisch aufgeworfene Erde und ruft bestürzt: „*Sie werden mich doch wohl nicht beraubt haben.*" Er reißt die Zweige auseinander, befühlt den Platz. Er beginnt zu graben. Als erstes hält er den kleinen Bronzekasten in der Hand. „*Den habe ich nie besessen.*" Myrrjam nimmt ihm den Fund mit einem Ruf des Entzückens weg. „*Wie ist der wunderschön; Edelsteine in Herzform und so schön verziert.*" Myrrhio hört kaum hin, er ist immer noch in Sorge um seinen Lederbeutel, einen mit Goldstücken, einen anderen mit Silberlingen. Da sind sie, ganz unversehrt! Beruhigt tritt er zu Myrrjam. Erstaunt betrachtet auch er den Fund. „*Wo mag das nur her sein?*" Lange probiert er, bis er die Feder gefunden hat, durch deren Druck der Deckel aufspringt. Was sich ihren Blikken darbietet, ist unvorstellbar schön. Armspangen, Ringe mit großen Edelsteinen, doch das Schönste ist ein goldenes Kreuz, ganz besetzt mit Rubinen, die wie Blutstropfen in der Sonne glänzen. „*Die Geister des Waldes haben es uns dazugestellt*", sagt Myrrhio, „*das ist unsere Hochzeitsgabe. Wir wollen sie mitnehmen zu dem ehrwürdigen Vater.*" „*Ich will sie ihm aber nicht schenken*", sagt Myrrjam, „*wie den Goldreif, den du der fremden Frau in der Kirche geschenkt hast. Schließlich habe ich Hochzeit und nicht sie.*" „*Der fremden Frau werde ich den Schmuck nicht schenken, was soll sie auch damit tun? Komm, den schönsten Ring steckst du dir an*", er streift ihr einen Ring mit einem Smaragd über den Finger. „*Schau, er paßt dir ganz genau! Er dürfte nicht größer und auch nicht kleiner sein.*" Myrrjam lächelt ihr schönstes Lächeln. Es sieht aus, als husche ein Sonnenstrahl über das Gesicht eines Kindes. Sie bindet ihr rotes Kopftuch fester, das sie über ihre rostbraunen Haare gezogen hat. Die Perlenschnur trägt sie um den schlanken Hals. Beide schwingen sich auf ihre Pferde und traben gegen Rom. Myrrjam ist eine verwegene Reiterin. Sie reitet im Galopp den Berg hinunter. Myrrhio schreit dauernd hinter ihr her, sie möge die Wurzeln beachten, um nicht zu stürzen, doch sie reißt nur ihr rotes Tuch vom Kopf und winkt ihm zu. Sie jagt über Wurzeln, Büsche und Gräben, bis sie die Landstraße erreicht hat. Da zügelt sie ihr Roß und wartet auf Myrrhio. „*Nun mußt du vernünftig reiten*", sagt Myrrhio, „*sonst fallen wir überall auf. Wenn sie uns aufhalten und den Schmuck bei uns finden, kommen wir hinter Gitter, anstatt ins Brautbett.*" „*Ins Brautbett*", sagt Myrrjam, „*bei Mutter Grün.*" „*So werde doch endlich ernst*", Myrrhio ist ganz ärgerlich, „*wir bleiben heute in der Stadt. Wir steigen dort ab, wo die edlen Herren absteigen.*" „*Und wenn sie uns hinausschmeißen?*" „*Wer sollte das. Wenn man Geld hat, kann man überall bleiben.*" Zweifelnd sieht ihn Myrrjam an. „*Doch zuerst werde ich dir eine Kirche zeigen.*" „*Mit vielen Kerzen*", fragt Myrrjam, „*wie du sie gesehen hast?*" Myrrhio nickt. In seinem Kopfe spuken die tollsten Begebenheiten. Er will heute vieles ändern. Er will hinaus aus dem Stand der Zigeuner, er will nicht mehr zurück. Eigentlich müßte er die Hochzeit im Stamm feiern, mit wilden Tänzen. Er hat sich davon losgekauft. Nach der Sitte gehören die Zigeunermädchen jedem im Stamm, nur wer den Stamm ausbezahlt, kann sich ein Mädchen zur Frau küren, die keiner sonst berühren darf. Gestern Abend war er mit Alphonso einig geworden. Dreißig Golddukaten hatte Myrrjam gekostet, nun war sie sein.

Myrrjam hatte sich immer abseits der anderen Zigeunermäd-

chen gehalten, doch lange wäre das nicht mehr möglich gewesen, denn sie war bereits sechzehn Jahre alt und die Blicke der Burschen folgten ihr, wo sie ging und stand. Myrrhio weiß, daß er sich Feinde im Stamme schuf, als er sich erdreistete, das Mädchen für sich zu begehren.
Sinnend reitet Myrrhio des Weges, auch Myrrjam spricht nicht viel. Als die Häuser der großen Stadt näher kommen, klopft ihr Herz, nun tritt sie in eine andere Welt, die sie nur aus Erzählungen kennt. In der Herberge, gegenüber der großen Kirche, geben sie ihre Pferde ab. Myrrhio ist wie ein Bauer aus der Toskana gekleidet, er erbeutete den Anzug vor längerer Zeit. Niemand vermutet in diesem Gewand einen Zigeuner aus den Abruzzen. Er faßt Myrrjam an der Hand und schreitet über den Platz, die große Treppe zur Kirche empor. Myrrhio weiß nicht, daß es die Paulskirche ist, er weiß auch nichts von den Gebräuchen, als er, den breitrandigen Hut unter den Arm geklemmt, mit Myrrjam die Kirche betritt. Sie ist ganz leer, die Zeit der Messe ist bereits vorüber. Myrrjam ist sehr beeindruckt von der Weite des Raumes, von den Marmoraltären, von dem gleißenden Gold und von den wundervollen Gemälden, die Menschen in Lebensgröße zeigen. *„Hier wohnt der Gott der Christen"*, sagt Myrrhio. *„Es muß ein großer Gott sein"*, Myrrjam flüstert es. *„Was sind denn das für Gestalten, die hier auf den Tischen stehen?" „Es sind diejenigen, die bei ihm wohnen."* Langsam gehen sie zum Hochaltar. *„So mußt du knien"*, sagt Myrrhio. So kniete Erek von Lichtenau, den er damals sah. *„Nun sprich mir nach, was ich dir vorsage, Myrrjam. Er sagt nämlich zu uns: Willst du Myrrjam, die Zigeunerin, zum Weibe nehmen?"* Wer stellte die Frage? *„Ja, ich will."* Myrrhio hebt die Augen. Vor ihm steht ein alter Priester mit schlohweißem Haar. Er hebt die Hand zum Segen, dann kommt er auf die beiden zu, legt die Hand Myrrjams in die

Hand Myrrhios. Myrrjam hebt den Blick empor. *„Durch Schuld und Sühne geht die Seele"*, sagt die brüchige Stimme des alten Priesters, *„Erek von Lichtenau und Adelheid von Merswin, ihr geht den Weg, den ihr selbst gewählt. Ich segne eure Seelen zu dem Bunde, haltet ihn, bis der Tod euch scheidet."* Ein leichtes Gleiten von Schritten, der Hochaltar ist leer, nur die ewige Lampe glüht im roten Glas. *„Wer war das"*, fragt Myrrjam, *„war das der liebe Gott, der Christengott?" „Wir wollen zum ehrwürdigen Vater gehen und ihn fragen."* Dann beugen sie das Knie und verlassen die Kirche.

Der Klopfer dröhnt an die Pforte der Abtei. Frater Benjamino schiebt seinen Kopf durch das Guckfenster und schaut mißbilligend auf das junge Paar. *„Was wollt ihr hier"*, fragt er erstaunt. Myrrhio nimmt seinen Hut ab und tritt näher. Jetzt erkennt der Frater den Myrrhio. Benjaminos Gesicht wird freundlicher. *„Ah, der Zigeuner"*, sagt er. *„Der ehrwürdige Vater hat mich für heute bestellt." „Schon gut"*, meint Benjamino, *„aber was soll denn die Weibsperson dabei?" „Sie ist meine Frau"*, stolz sagt es Myrrhio. Benjamino mustert Myrrjam eingehend. *„Seit wann hast du denn eine Frau?" „Seit heute."* Der alte Frater schüttelt den Kopf. *„Den Frieden unserer Klause kann sie nicht stören." „Wo soll sie denn hin?"* Myrrjam sieht ihn ängstlich an. *„Führe sie solange in die Kapelle, links um die Ecke."* Myrrhio nimmt das Mädchen an die Hand und schreitet der Kapelle zu. *„Du bleibst dort, bis ich wiederkomme. Keiner wird dir im Hause des Christengottes ein Leid antun."* Myrrjam geht gehorsam in die Kapelle und setzt sich in die letzte Bank. Als Myrrhio zurückkommt, steht Frater Benjamino schon unter der Tür. Er geleitet ihn durch den Kreuzgang in denselben Raum, den Myrrhio schon kennt und wo auch der Gekreuzigte hängt. Myrrhio macht eine große Verbeugung vor ihm, dann setzt er sich auf einen Stuhl. Er braucht nicht lange zu warten, der ehrwürdige Vater erscheint bald. Myrrhio steht auf und küßt ihm die Hand. Leicht legt der Abt seine Hand auf Myrrhios Lockenkopf. *„Setz dich, mein Sohn."* Dann sagt er: *„Ich habe deine Erzählung nicht vergessen, und ich habe Nachforschungen angestellt. Sie haben ergeben, daß zur Zeit Kaiser Friedrich Barbarossas ein Erek von Lichtenau gelebt hat, der mit einer Adelheid von Merswin verehelicht war."* Der Abt beobachtet scharf das Gesicht des Zigeuners bei seinen Worten, doch zeigt dieses nur reinste Freude. *„Ich habe ihn gesehen und ihr sagt, er hätte gelebt, also ist es kein Traum, ehrwürdiger Vater?" „Er starb beim letzten Kreuzzug des Kaisers, den er mitgemacht hatte, an der Pest." „An der Pest"*, Myrrhios Augen werden glanzlos. Dann sagt er: *„Er starb mit vielen anderen." „Woher weißt du das"*, verwundert sich der Abt. *„Ich habe es eben gesehen, ehrwürdiger Vater."* Des Abtes Blick wendet sich zu dem Gekreuzigten. *„Des Herrn Wege sind wunderbar"*, sagt er. *„Hat die Madonna den Reif bekommen, ehrwürdiger Vater?" „Gehe selbst in die Kapelle, dort siehst du ihn." „Meine Frau ist in der Kapelle"*, sagt Myrrhio. *„Deine Frau? Ach ja, du wolltest ja heiraten." „Ich habe heute morgen geheiratet."* Wieder sieht ihn der Abt verwundert an. *„Und wer hat euren Bund gesegnet, der Zigeunerprimas?" „Nein, ehrwürdiger Vater. Ich ging heute, schon sehr früh, mit Myrrjam, meiner Frau, die ich gestern Abend von Alphonso loskaufte, nach Rom. Wir ritten dorthin, dann stellten wir die Pferde ein und gingen zur Kirche. Sie war ganz leer. Ich führte Myrrjam zum Altar, denn ich wollte dem Christengott geloben, wie es Erek von Lichtenau tat. Und ich stellte die Frage, vielmehr ich wollte die Frage stellen, da stand plötzlich ein alter Priester vor uns. Er war ganz altertümlich angezogen, und plötzlich stellte er die Frage. Und da haben wir "ja" gesagt, und er hat uns gesegnet. Er hat gesagt: "Ich segne euch,* *der Herr bewahre und beschütze euch und führe euch zum ewigen Leben."* Erregt steht der alte Abt auf: *„Beschreibe die Kirche."* Myrrhio beschreibt die Kirche. *„Es ist die Kathedrale des heiligen Paulus"*, sagt der Alte. *„Sind wir nun getraut, ehrwürdiger Vater?"* Schwer stützt sich der Abt auf den Tisch. *„Ja, ihr seid getraut."* Lange Zeit spricht keiner, dann sagt der Abt: *„Du kannst nicht mehr zurück in das Lager der Zigeuner, Myrrhio." „Ich will es auch nicht mehr, ehrwürdiger Vater." „Laß dir erzählen von dem Christengott, vor dessen Altar du heute standest." „Er — er wird mich nicht wollen. Keiner will den Zigeuner"*, sagt Myrrhio. *„Doch, er will dich bestimmt. Er ist ja auch für die Zigeuner gestorben. Ich möchte dich und — deine Frau"*, bevor er "Frau" sagt, stockt der Abt, als ob es ihm schwerfiele, diese Worte auszusprechen, *„zu dem Christengott bringen. Hast du schwer gesündigt, Myrrhio. Hast du gemordet, Myrrhio?" „Niemals, ehrwürdiger Vater, habe ich das Messer gezogen, um jemanden zu töten." „Hast du gestohlen und geraubt?" „Wovon sollte der Zigeuner leben, wenn er das nicht täte?"* Der Abt seufzt tief auf: *„Von seiner Hände Arbeit soll der Zigeuner leben." „Es will ihn keiner, ehrwürdiger Vater." „Weil ihm keiner vertraut"*, sagt der Abt. *„Aber, ehrwürdiger Vater, ist Fischen auch der Hände Arbeit?" „Gewiß"*, der Abt lächelt. *„Als ich Geld sammeln wollte"*, sagt Myrrhio erklärend, *„für die Madonna, da war mir klar, daß es kein Raubgeld sein durfte, und so fischte ich im Meer und trug die Fische zum Markt. Ich habe viel Geld dafür bekommen." „Siehst du, Myrrhio, das wäre ein Weg, den du gehen könntest." „Wißt ihr, ehrwürdiger Vater, daß ich vogelfrei bin, wenn ich den Stamm verlasse, und uns jeder töten kann?" „Sind das eure ungeschriebenen Gesetze"*, fragt der Alte staunend. *„Das sind sie." „Dann müßtest du aus den Augen deines Stammes verschwinden, Myrrhio. Doch, wie steht es mit deiner Reinheit?" „Ich habe noch kein Weib erkannt, ehr-*

würdiger Vater, auch Myrrjam noch nicht", versichert der Zigeuner. Der Abt erhebt sich und macht das Zeichen des Kreuzes über Myrrhio. Dieser sinkt in die Knie. *„Erwarte mich in einer halben Stunde in der Kapelle"*, sagt der Abt und verläßt schweren Schrittes das Gemach.

Myrrjam hat sich an das mystische Halbdunkel, das sie in der Kapelle umgibt, gewöhnt. Ihr Blick schweift durch den Raum. Überall sieht sie Gestalten, die sie sich nicht erklären kann. Sie stehen meist auf Marmortischen und sind mit prächtigen Gewändern angetan. Myrrjam fürchtet sich. In der Mitte der Kapelle steht eine schöne Frau auf einem Marmortisch. Sie hat einen goldenen Mantel um die Schultern gelegt, auf dem einen Arm trägt sie ein kleines Kind, über ihrem Haupte wallt ein Schleier, und – jetzt sieht es Myrrjam ganz genau – der Schleier wird von einer Krone gehalten. Das ist also die Frau, der Myrrhio den Goldreif geschenkt hat. Schritt für Schritt kommt Myrrjam näher. Es ist eine schöne Frau. Myrrjam hatte den Goldreif noch nicht einmal probiert, und diese Frau trägt ihn auf ihrem Haupt. Es ist ja auch leicht, schön zu sein, wenn man so herrliche Sachen besitzt. Myrrjam sieht an sich herab. Einmal möchte sie diese Sachen probieren, diesen goldenen Mantel. Ganz nahe steht sie vor dieser ins Weite schauenden Frau. Wie der Mantel wohl festgemacht ist? Sie faßt ihn an, er ist gar nicht fest, er hängt lose um ihre Schultern. Sie nimmt ihn ab, legt ihn sich um. Sie nimmt der Frau auch die Krone und den Schleier, dazu muß sie auf den Altar steigen. Lächelnd hängt sie sich alles um. Nun ist sie ebenso schön. Da geht die Tür der Kapelle auf. Herein kommt Myrrhio. Er stößt einen Schrei des Entsetzens aus, als er die geplünderte heilige Mutter sieht, und neben ihr auf dem Altar Myrrjam in den Gewändern der heiligen Mutter. Myrrjam steht wie gebannt,

als sie den Schrei Myrrhios vernimmt. Er stürzt auf sie zu. Aus der Seitentür tritt der Abt. Sein Gesicht wird hart: „*Wolltest du mich hierher führen, um mir diesen Spuk vorzuspielen? Wolltet ihr den Altar schänden?*" „*Ehrwürdiger Vater*", Myrrhio fällt auf die Knie, „*was sie tat, tat sie in Unwissenheit.*" Der Abt schüttelt den Kopf: „*Nimm ihr sofort den Mantel ab, führe die Dirne hinaus, und lasse dich niemals mehr hier mit ihr sehen.*" Myrrjam läßt den goldenen Mantel zu Boden gleiten. Sie legt den Reif und den Schleier auf den Altar, drückt sich scheu an dem Abt vorbei und flieht aus der Kapelle.
Der Abt steht unter der Tür der Sakristei. Seine hohe Gestalt wankt. „*Es ist wohl alles Trug gewesen, was du mir erzähltest. Man wird so alt und glaubt an Wunder.*" „*Was ich sagte, ehrwürdiger Vater, war die Wahrheit.*" Myrrhio nestelt an seinem Wams. Einen Lederbeutel legt er auf das Gewand der heiligen Mutter, dann küßt er es und verläßt die Kapelle.
Draußen steht Myrrjam. „*Zurück ins Lager*", sagt er, „*es gibt keinen anderen Weg mehr für uns.*" Er faßt seine Frau an der Hand und eilt mit ihr durch die Straßen. „*Heute bleiben wir hier, und morgen kehren wir zurück zum Stamm.*" Tiefe Traurigkeit schwingt in seiner Stimme. Myrrjam trippelt ängstlich neben ihm her. „*War es sehr böse, was ich gemacht habe?*" Myrrhio schweigt. Nach einer Weile fragt Myrrjam wieder: „*Ist es nicht mehr gut zu machen?*" Ihre großen Augen hängen flehend an seinem Gesicht. Er schüttelt traurig den Kopf. Er möchte nicht reden. Was hilft auch alles Reden. Der ehrwürdige Vater glaubt ihm nicht mehr, damit ist alles vorbei.

Als die Tür hinter Myrrhio ins Schloß gefallen ist, steht der Abt fassungslos vor der entkleideten Madonna. Er bückt sich nach dem Brokatmantel. Da rutscht ein Beutel vor seine Füße. „*Was ist das nun wieder*", sagt er ärgerlich, „*nun hat er auch noch sein Sündengeld hiergelassen.*" Er wiegt den Beutel in der Hand, dann öffnet er ihn. Lauter kleine Münzen fallen ihm entgegen. Durch seinen Sinn geht die Geschichte mit den Fischen, die ihm Myrrhio erzählt hatte. Der Abt legt der heiligen Jungfrau den Mantel um die Schultern, er reckt sich hoch, und setzt ihr Krone und Schleier aufs Haupt Dann kniet er nieder: „*Erleuchte mich, Heilige Mutter, damit ich gerecht richte. Damit ich nicht Unrecht häufe auf mein Haupt, das schon den Schnee des Alters trägt. Erleuchte mich, Heilige Mutter, verkünde mir, wenn ich Unrecht getan habe.*" Der Abt stützt das Gesicht in die Hände. Er horcht nach innen, aber überall bleibt es still, und seine Zweifel peinigen ihn. Es vergehen Tage. Myrrhio hat sich nicht mehr sehen lassen. Jeden Morgen, wenn der Abt aufsteht, schließt er den Zigeuner in sein Gebet ein, und eines Nachts träumt er, er sähe ihn, tief im Walde, in großer Dunkelheit sitzen. Da faßt er den Entschluß, den Zigeuner zu suchen.

Der Abt läßt in allen Herbergen, in denen das niedrige Volk absteigt, nach Myrrhio und seiner Frau suchen. Selbst an den Toren der Stadt hat er für drei Tage Sendboten stehen. Von Myrrhio findet sich keine Spur, denn dieser ist schon am nächsten Morgen mit Myrrjam in das Lager der Zigeuner zurückgeritten. Man fragt ihn nach dem vergangenen Tag aus. Er erzählt nur, daß er mit Myrrjam allein gefeiert habe, von der Kirche und dem Abt erwähnt er nichts.
Die Selbstvorwürfe des Abtes steigern sich mit dem Mißerfolg seines Suchens. Der Abt darf das Kloster eigentlich nicht verlassen. Doch da kommt eine Schar junger Mönche in das Kloster, die weiter nach Sizilien reisen wollen. Kurzentschlossen übergibt der Abt die Obhut des Klosters dem Bruder Servatius, dem Ältesten des Ordens. Der Abt stattet einen Reise-

wagen aus, nimmt vier Fratres mit, die kostbare Geschenke einpacken, und begibt sich auf den Weg, Myrrhio zu suchen, oder wenigstens Kunde von seinem Verbleib zu erlangen. Die Augen des Abtes suchen die Höhen ab, sie durchforschen unablässig die Wälder am Wegrand, ob Fährten nach oben gehen, oder Gehsteige zu sehen sind. Nichts zeigt sich, dichtverschlungen von Lianen sind die Wälder, schweigsam, ernst und still.

Der Zug bewegt sich schon zwei Tage südwärts. Die jungen Mönche unterhalten sich über den verschrobenen Alten, der sie zu ihrem Ziel begleiten will. Zum dritten Mal senkt sich der Abend auf die staubige Straße, die Pferde sind müde, und man beschließt zu rasten. Eine Lichtung im Walde bietet Gelegenheit, die Pferde grasen zu lassen. Ein Feuer wird entzündet, welches die Tiere des Waldes verjagen soll. Die jungen Leute rüsten ein Mahl.

Der alte Abt geht, schwer auf seinen Stock gestützt, einige Schritte in den Wald. Plötzlich hört er vom Lagerplatz lautes Rufen, Schreie, ein Pferd jagt an ihm vorüber, er fühlt einen Schlag auf seinem Kopf und bricht zusammen. Als er wieder zu sich kommt, sieht er sich umringt von verwegenen Gestalten, die den Hut tief in das Gesicht gezogen haben. *„Es ist ein Abt des Benediktus"*, sagt einer neben ihm. Noch gehorchen dem Abt seine Sinne nicht, wie ein wüster Traum scheint ihm alles. Ein Fuß stößt ihn an. *„Heda, alter Kuttenträger, wieviel bist du deiner Gesellschaft wert, wenn wir dich freilassen?" „Der Friede sei mit euch"*, sagt der alte Abt, *„weshalb habt ihr mich gebunden?" „Wir haben längst einen gesucht wie dich. Wir sind Zigeuner, die von dem leben, was sie auf den Landstraßen finden." „Und was wollt ihr von mir?" „Wir wollen Lösegeld von dir"*, sagt ein Alter und nimmt unwillkürlich den Hut ab, als ihn die klaren Augen des Abtes treffen. *„Lösegeld! Wo sind die* *jungen Brüder?"* Der Abt richtet sich auf, fällt aber gleich wieder zurück, denn sein Kopf schmerzt ihm sehr. *„Mach dir keine Gedanken um sie, sie haben alle einen festen Gurt um den Leib, woran sie gut hängen."* Ein Stöhnen entringt sich den Lippen des Abtes, seine Sinne umnebeln sich erneut. Die Zigeuner machen aus Ästen eine Trage und schleppen ihn in den Wald hinein. Hinter ihnen gehen, an den Händen gefesselt, die vier Fratres seines Klosters.

Der Mond klettert über die Berge, er beleuchtet das silberne Band der Straße, auf der ein einzelner Reiter gemächlich daher trottet. Zwei Fässer hängen an seinem Sattelknauf und behindern das Pferd, schneller zu gehen. Plötzlich scheut es und macht einen Satz nach rechts. Mit fester Hand hält es der Reiter. Im linken Straßengraben liegen ein paar Gestalten, die sich nicht rühren. Sind sie tot oder betrunken? Myrrhio reitet näher heran. Er sieht, daß es tote Mönche sind. Was mag hier geschehen sein? Nun sieht er auch den umgestürzten Wagen. Er horcht in die Nacht hinein. Nichts rührt sich. Myrrhio steigt vom Pferd und durchsucht den Wagen nach Beute. Anscheinend ist schon alles weggebracht worden. Eben will er das Suchen aufgeben, da sieht er in dem Wagen, einklemmt, einen Lederbeutel. Bei dem Gekreuzigten, das ist der Lederbeutel, den er beim Abt in der Kapelle gelassen hat. Wie kam er hierher? Myrrhio treibt sein Pferd in den Schatten des Waldes, setzt sich nieder und überlegt. Sein Stamm ist noch eine Tagesreise von hier entfernt. Was für ein Stamm mag hier zelten? Der Lederbeutel? Wer hat dem Abt den Lederbeutel weggenommen? Der Schein des Mondes fällt direkt in den Wald. Er zeigt den Kampfplatz, er zeigt erhängte Mönche. Ob sie den Beutel bei sich hatten? Myrrhio wird immer aufgeregter. Er bindet sein Pferd an einen Baum und schleicht auf leisen

Sohlen tiefer in den Wald hinein. Da hört er neben sich einen klagenden Laut. Vorsichtig schleicht er näher. Vor ihm liegt ein junger Mönch, der einen tiefen Stich in den Oberschenkel erdulden mußte. Myrrhio beugt sich zu ihm nieder. *„Was ist euch geschehen, Bruder"*, flüstert er. Der Mönch hebt den Kopf: *„Bist du keiner von denen?" „Von welchen?" „Die uns hier überfallen haben, uns und den ehrwürdigen Vater des heiligen Benediktus." „Was sagst du da. Wo ist der ehrwürdige Vater?" „Ich weiß es nicht. Sie haben ihn weggetragen." „War er verletzt, wie kam er hierher?" „Er wollte uns zu den Sarazenen begleiten." „Oh, ihr Geister des Waldes, führt mich den richtigen Weg zu ihm, damit ich ihm helfen kann."* Ehe der Mönch sich besinnt, ist Myrrhio fortgehuscht. Angestrengt sucht er nach Spuren, dann findet er die niedergetretenen Zweige. Er vernimmt Worte. Es ist sein eigener Stamm. Er erkennt die Stimmen. Nun geht er zurück zu seinem Pferde. Er schwingt sich in den Sattel, und so schnell er es in der Dunkelheit vermag, reitet er zu ihnen. Sein Plan ist gefaßt, hat er doch die zwei Fässer Wein tagelang mit sich geschleppt. Sie sollen den Wein trinken. Als er in Hörweite des Lagers kommt, rufen sie ihm zu. Myrrhio reitet mitten in das Lager hinein. Er sieht, daß große Beratung gehalten wird. *„Wie kommt ihr hierher, Alphonso? Niemals hätte ich euch hier gesucht, wenn nicht der umgekippte Wagen meine Aufmerksamkeit erweckt hätte?"* Myrrhio fühlt, wie seine Stimme gepreßt klingt. *„Wen habt ihr heute leichter gemacht?" „Den alten Abt der Benediktiner." „Wo habt ihr ihn"*, fragt Myrrhio. *„Dort, wo das kleine Feuer brennt. Friderico hält Wache." „So habe ich euch gleich Lohn mitgebracht, um euren Sieg zu feiern."* Myrrhio hakt die Fässer aus dem Sattelknauf und läßt sie zu Boden gleiten. Ein Freudengeheul antwortet ihm. *„Holt Friderico auch herbei. Ich übernehme die Wache."* Da sich keiner von den Fässern entfernen will, geht Myrrhio klopfenden Herzens, um Friderico abzulösen. Dieser läßt es sich nicht zweimal sagen. Myrrhio treibt sein Pferd zu den anderen Pferden, wirft dann Holz auf das Feuer, um besser sehen zu können, ob es wirklich der ehrwürdige Vater ist. Erst sieht er die vier Frates liegen, dann eine verdeckte Gestalt. Myrrhio beugt sich herab, zieht den Mantel von dem Gesicht dieses Körpers. Es ist der ehrwürdige Vater. Sein Auge scheint schon halb gebrochen. *„Durst"*, sagt er, *„Durst."* Myrrhio läuft zurück. Sie haben die Fässer schon angeschlagen. *„Ich will mir auch meinen Teil holen"*, sagt er, als man ihn erstaunt anschaut. Er füllt einen Becher mit rotem Wein und entfernt sich wieder. Keiner achtet auf ihn, jeder ist mit sich selbst beschäftigt. Vorsichtig setzt Myrrhio dem alten Abt den Becher an die Lippen, der gierig trinkt. Myrrhio fühlt die Beule am Kopf des Abtes. Er schiebt ihm sein Wams unter. *„Ehrwürdiger Vater." „Die Reinen haben einen Glanz in den Augen, die der Unreine nicht kennt." „Er ist verwirrt. Ehrwürdiger Vater, erwacht. Erwacht, ehrwürdiger Vater, die Zeit drängt."* Myrrhio sinkt in die Knie, er küßt die Hand des Alten. Da schlägt dieser die Augen auf. *„Wo bin ich"*, haucht er. Seine Augen gehen unruhig hin und her. Seine Hand will nach seinem Kopfe fassen, da merkt er, daß seine Hände gebunden sind. Er stöhnt tief auf. Ganz allmählich kommt die Erinnerung zurück, doch kann er sich kein Bild davon machen, was geschehen ist. Myrrhio ist in den Schatten der Bäume zurückgetreten, als der Abt sich bewegte. Er ist sich nicht sicher, wie er den Alten wegbringen kann. Er lauscht zum Lagerplatz hinüber, wo es ganz still geworden ist. Die Zecher hat der Schlaf übermannt. Dies wäre die richtige Zeit zum Handeln. Wenn er sie versäumt, ist alles verloren. Er schleicht zu dem Platz, wo die vier Fratres liegen. Stieren Blickes schauen ihn diese an: *„Willst du uns holen"*, fragt der eine. Myrrhio kniet nieder: *„Ich will euch befreien."* Flüsternd fährt er fort: *„Doch gebt keinen Laut von euch und bewegt euch nicht, wenn ich die Fesseln durchschneide. Wartet, bis ich wiederkomme."* Myrrhio nimmt sein Messer, schneidet die Fesseln an Händen und Füßen durch. *„Versprecht ihr, liegen zu bleiben?"* *„Wir versprechen es, bei der Madonna."* Sie reiben sich die Gelenke, die ganz gefühllos sind. Myrrhio eilt davon. Nochmals horcht er zum Lager hin. Nichts rührt sich. Tief beugt er sich über den Abt. *„Ehrwürdiger Vater, ich bin es, Myrrhio."* Der Alte macht eine heftige Bewegung. *„Haltet still, ehrwürdiger Vater, ich werde euch retten."* Bei diesen Worten durchtrennt er die Fesseln. Mühsam richtet er den Abt hoch. Der Alte legt seine zitternde Hand auf den Kopf Myrrhios: *„Gesegnet seist du, mein Sohn."* *„Ihr dürft nicht sprechen."* Myrrhio holt eine Zeltplane und bettet den Abt darauf, dann läuft er zu den Fratres. *„Kommt"*, sagt er. Sie schleichen hinter ihm her. *„Faßt an, es ist der ehrwürdige Vater, tragt ihn bis zur Straße. Ich suche derweil Pferde."* Die vier Fratres wanken mit ihrer Last durch den Wald. Myrrhio schnalzt mit der Zunge — einmal — zweimal. Sein Pferd kommt heran und hinter ihm zwei andere. Er faßt sie an den Halftern und zieht sie mit sich. Die Pferde sind unbeschlagen, so machen sie wenig Geräusche. Auf halben Wege holt er den Abt ein. Der stöhnt sehr. *„Könnt ihr sitzen, ehrwürdiger Vater?"* *„Ich will es versuchen, mein Sohn. Gott möge mir helfen."* Myrrhio setzt den Abt auf sein Pferd, schwingt sich dahinter, umklammert den Alten mit seinem Arm. *„Je zwei von euch auf die anderen Pferde"*, ruft er den Fratres zu, *„folgt mir."* Sie steigen auf die Pferde und folgen ihm. Als sie auf der Straße angekommen sind, hält Myrrhio tiefatmend an. Der Abt liegt schwer in seinem Arm. *„Ihr könnt nicht nach Rom"*, sagt Myrrhio, *„drei Tagereisen haltet ihr nicht aus, und die andern würden uns einholen. Wir reiten entgegengesetzt. In* *einer Stunde sind wir am Kloster des Heiligen Franziskus, dort liefere ich euch ab, wenn es euch recht ist, ehrwürdiger Vater." „Mein Leben ist in deiner Hand. Gott möge dir lohnen, was du getan." „Reitet voraus"*, ruft Myrrhio den Mönchen zu, *„ich kann nicht so schnell folgen. Weckt die Brüder und bereitet sie auf die Ankunft des Abtes vor."* Diese lassen es sich nicht zweimal sagen. Im Galopp jagen sie davon. Myrrhio reitet langsam hinterher. *„Könnt ihr so sitzen, ehrwürdiger Vater?" „Ich kann es."* Sie reiten eine Weile schweigend dahin, dann sagt der Alte mit schwacher Stimme: *„Du hast mir das Leben gerettet, Myrrhio, was wird nun mit dir geschehen?"* Myrrhio schweigt. Wieder fragt der Abt: *„Willst du nicht bei den heiligen Brüdern eintreten?" „Nein, ehrwürdiger Vater. Ihr wißt, daß ich ein Weib habe, das ohne mich umkäme."* Wieder Schweigen, dann fragt Myrrhio: *„Wie kamt ihr denn in das Gebirge?"* Der Abt richtet sich auf, sein Arm liegt schwer um Myrrhios Hals. *„Es trieb mich gutzumachen, was ich an dir gefehlt. Ich glaubte, ich könnte mit deinen Leuten verhandeln, damit sie dich freigeben." „Aber ihr wußtet doch gar nicht, wo sie zu finden sind, ehrwürdiger Vater." „Eine innere Stimme sagte mir, daß ich sie finden würde."* Er fuhr fort: *„Ich habe sie gefunden, und ich habe dich gefunden, und bringe dich vielleicht in Not und Tod." „Macht euch keine Gedanken, ehrwürdiger Vater. Ich fürchte den Tod nicht. Ich glaube, daß das Leben manchmal schrecklicher ist als der Tod." „Gottes heilige Engel werden dich beschützen"*, der Kopf des Abtes sinkt nach vorn. Myrrhio ist es, als hält er einen Toten im Arm. Lang zieht sich der Weg hin. Endlich blinken die Lichter des Klosters auf. Als Myrrhio näher kommt, sieht er, daß sich eine Gruppe von Leuten mit Fackeln auf sie zubewegt. Die Fratres haben Hilfe geholt, und nun kommen zwanzig Mönche, die einen Wagen mit sich führen. Als sie Myrrhio entdekken, winken sie mit den Fackeln. Myrrhio reitet still heran. Er läßt den Abt aus den Armen gleiten, dreht kurz und galoppiert zurück. Besorgt schaut er zum Himmel. Der neue Tag beginnt zu grauen. Als er an die Stelle kommt, wo der umgestürzte Wagen liegt, springt er vom Pferde und geht das letzte Stück zu Fuß zum Lager. Das Pferd trottet hinter ihm her. Im Lager ist noch alles unverändert. Anscheinend ist keiner erwacht. Myrrhio nimmt den Becher, aus dem der Abt getrunken hat, schleicht sich etwas abseits und wirft sich mit dem Becher in das Gras, als ob er trunken eingeschlafen sei. Es ist die einzige Möglichkeit, eine Unwissenheit vorzutäuschen. Myrrhio überdenkt seine Tat. Hätte er anders handeln können? Er weiß, der Strick ist ihm gewiß, wenn sie ihn überführen. Aber hätte er zulassen können, daß der alte Abt qualvoll starb? Nein, was er tat, war richtig. Wenn er nur wüßte, wo die Frauen sind. Wenn er Myrrjam holen könnte. Er weiß nicht, wo sie ist. Da steht Pueblo neben ihm. *„Ich träume wohl?"* *„Nein, du träumst nicht"*, hört er Pueblos Stimme sagen, *„ich werde dir Myrrjam herbeiholen."* *„So führe mich lieber zu ihr."* *„Das kann ich nicht."* Myrrhio richtet sich etwas in die Höhe. Vom Lager herüber ertönen Geräusche. Die Männer erwachen. Er hört Stimmen, Rufe. Er legt sich auf den Bauch, als schliefe er. Dann hört er hastiges Laufen, man ruft seinen Namen. Alphonso selbst ist es, der ihn ruft. Da entdeckt ihn einer. *„Hier liegt er, der Wächter, betrunken."* Alphonso kommt mit schweren Schritten heran. Noch kann er sich nicht richtig gerade halten. Er stößt mit dem Fuß nach Myrrhio. *„Heda, wo sind denn deine Gefangenen?"* Myrrhio richtet sich auf und reibt sich die Augen. *„Welche Gefangenen?"* *„Der Abt und die Kuttenträger."* Myrrhio geht nach der Stelle. *„Ja, suche sie nur, sie sind fort."* *„Er hat sie selbst fortgebracht"*, sagt einer aus der Menge. *„Was hast du dazu zu sagen"*, Alphonso steht drohend vor Myrrhio. Die Männer dringen auf ihn ein. Myrrhio reißt den Beutel aus seinem Wams. *„Hier ist der Lohn. Jawohl, sie sind frei."* Betreten bleiben sie stehen. Alphonso reißt den Beutel an sich: *„Woher wußtest du, was wir für ihn verlangen?" „Was in dem Beutel ist, genügt"*, sagt Myrrhio. Sie setzen sich auf die Erde und beginnen zu zählen. Myrrhio schwingt sich auf sein Pferd und reitet davon. Hinter sich hört er Rufe. Er achtet nicht darauf und reitet und reitet, vorgebeugt auf den Hals seines Pferdes, um ihm die Last zu erleichtern, den Weg zurück zum Kloster. Das Verlangen brennt in ihm, zu erfahren, ob der Abt doch seinen Verletzungen erlegen ist. Es kann nicht sein, daß der Gekreuzigte den ehrwürdigen Vater sterben läßt, der doch nur Gutes wollte. Das verirrte Schaf wollte er zurückholen. Ob er das war, das verirrte Schaf? Wer sich unter die Räuber mischt, wird mitgehangen. Er ist unter den Räubern. Wo die Straße eine Kurve macht, wirbeln Staubwolken auf. Eine Menge Reiter kommt ihm entgegen. Voran reitet der Frater, den er befreit hat. Oh Gott, das ist die Wache vom Castello Adolfo. Der Mönch hat sie geholt und nun ziehen sie aus, die Schuld zu sühnen. Soll er umkehren, soll er warnen? Weshalb soll er warnen? Sie haben Böses verschuldet. Er muß zum ehrwürdigen Vater. Die Reiter wollen ihm den Weg sperren. *„Ist das einer von denen"*, schreien sie dem Mönch zu. Myrrhio reitet nahe an den Mönch heran. *„Du weißt, daß ich dir die Fesseln löste. Ich will zum ehrwürdigen Vater. Laßt mich durch." „Er ist der Befreier"*, ruft der Mönch. Da drängen sie ihre Pferde an ihm vorbei und Myrrhio reitet das letzte Stück des Weges mit gesenktem Kopf. An der Klosterpforte angekommen, bindet er das Pferd an einem Baum fest, und bewegt den Klöpfer. Ein junger Mönch öffnet die Tür: *„Du willst?"* fragt er. *„Ich will den ehrwürdigen Vater sprechen, wenn er noch lebt, der verwundet heute Nacht zu euch kam." „Der alte Abt lebt, ob du ihn sprechen kannst, weiß* *ich nicht." „Sage ihm, Myrrhio ist hier, der ihn befreite." „Willst du dir deinen Lohn holen?"* fragt mißtrauisch der junge Mönch. Eine glühende Röte überfliegt Myrrhios Gesicht: *„Nein, einen Lohn will ich nicht." „Gut, ich werde dich melden."* Der junge Mönch verschwindet. Myrrhio streift seine Haare glatt. Er besieht sich seine Hände. Wie schaut er nur aus! So kann er doch gar nicht vor die Augen des ehrwürdigen Vaters treten. Suchend blickt er sich um. Im Hof steht eine Zisterne. Er geht darauf zu und wäscht sich Gesicht und Hände. Gerade als er fertig ist, winkt ihm der junge Mönch. Er führt Myrrhio durch einen Kreuzgang, in dem überall Bilder an den Wänden hängen. Immer dieselbe Gestalt, scheint es. Myrrhio hätte sie gern näher gesehen, aber der junge Mönch läuft schnell vor ihm her und so muß er folgen. Sie treten in einen Raum, in den die helle Morgensonne scheint. Am vergitterten Fenster sitzt in einem Lehnstuhl der alte Abt. Sein Haupt trägt noch einen Verband, doch seine Augen lächeln Myrrhio entgegen. Myrrhio stürzt auf ihn zu und küßt ihm die Hand. Der Alte wehrt ab. Er entzieht ihm die Hand und legt sie auf Myrrhios Haupt: *„Gott segne dich, mein Sohn. Was führt dich zu mir?" „Ehrwürdiger Vater, ich hatte keine Ruhe, ich mußte euch sehen. Es war mir schrecklich zu denken, ihr könntet gestorben sein." „Der Herr hat mich bewahrt, und er möge auch dich bewahren. Du mußt einen Schlußstrich unter dein Leben ziehen." „Was soll ich tun? Ich habe nie gemordet." „Nein, du hast nicht gemordet, aber du hast geduldet, daß gemordet wurde. Wie ich und meine jungen Brüder dort lagen, so mögen viele schon gelegen haben. Du hast sie nicht befreit." „Wie konnte ich das, ehrwürdiger Vater?" „Ich weiß, daß du es nicht konntest, aber das spricht dich nicht frei vor Gottes Thron." „Ich kannte keinen Gott, ehrwürdiger Vater, ich kannte nur die Geister des Waldes." „Aber kanntest du nicht das Mitleid mit den Gequälten, mit den Gemarter-*

ten, mit den Gehängten?" „Ich kannte es nicht." Myrrhios Haupt sinkt tief auf seine Brust. *„Ich kenne es erst seit gestern." „Und weshalb kennst du es seit gestern?" „Weil ich euch liebe, weil ich mich um euch bangte." „Wie du mich liebst, so mußt du alle Brüder lieben, Myrrhio." „Wer kann mir die Schuld nehmen, ehrwürdiger Vater?" „Der Gekreuzigte, der die Schuld aller Menschen trägt." „Wo ist der Gekreuzigte?" „Er ist im Reiche seines Vaters, doch als einer seiner Diener auf Erden vergebe ich dir die Schuld, Myrrhio. Nur zurückkehren darfst du nicht." „Mein Weib muß ich holen, ehrwürdiger Vater."* Des alten Abtes Hand zittert, als er Myrrhio den Segen erteilt: *„Hole dein Weib, Myrrhio. Mein Segen begleite dich."*

Alle Zigeuner umstehen Alphonso, als er den Beutel öffnet. Silbermünzen um Silbermünzen kullern auf die Erde. Golddukaten, sogar einige Edelsteine, eine Armspange und verschiedene Ringe sind dabei. Alphonso zählt alles zusammen. *„Wir können Myrrhio nicht genug danken, daß er den Preis so schnell eingetrieben hat, denn es wäre sehr gefährlich gewesen, wäre der alte Abt bei uns gestorben."* Alle sind seiner Meinung. Jeder sichert sich seinen Anteil. Dabei hören sie nicht, daß ringsherum die Zweige knacken. Sie merken nicht, daß sie umstellt sind, bis das Unheil über sie hereinbricht. Eine Reihe Schwerbewaffneter stürmt von allen Seiten auf die Zigeuner ein, schlägt sie mit den Schwertern nieder. Bald schwimmt der Platz im Blut. Der Mönch steht dazwischen, hebt das Kreuz und ruft: *„Gott hat gerichtet. Christus hat die Brüder gerächt, die Schuldigen gestraft, die dreißig junge, hoffnungsvolle Brüder durch den Strang gemordet haben. Er hat sich Myrrhios, seines Knechtes, bedient, der den Abt und uns zurückgeführt hat, damit wir zum Segen des Herrn weiterarbeiten können."* Er zählt die Häupter der Toten, es scheint keiner entkommen zu sein. Die

Pferde der Zigeuner werden eingefangen. Der Wagen des Abtes, der noch umgestürzt auf der Straße liegt, wird aufgerichtet und mitgenommen. Niemand ist gefangen genommen worden und so ziehen sie wieder Castello Adolfo zu.

Als sie fort sind, schleichen drei Zigeuner auf den Platz zurück. „*Myrrhio hat den Stamm ausgelöscht, Weiber und Kinder unglücklich gemacht. So wollen wir uns die Hände reichen und bei den Geistern des Waldes, bei den gemordeten Brüdern schwören, sein Leben auszulöschen, wo immer wir ihn finden. Mit ihm sterbe sein Weib, Myrrjam.*" Ein bärtiger Zigeuner spricht die Worte vor, die anderen beiden legen ihre Hand auf ihr Herz und sprechen den Schwur nach. Wie ein Spuk verschwinden sie im Geäst des Waldes.

Als Myrrhio aus der Klosterpforte kommt, pflockt er nachdenklich sein Pferd ab. Sein Auge streift den Himmel. Die Sonne steht schon im Mittag. Es ist möglich, daß die Wache von Castello Adolfo mit Gefangenen zurückkommt. Er will ihnen nicht begegnen. So besteigt er sein Pferd und reitet direkt querfeldein, den Bergen zu. Wenn er nur wüßte, wo Myrrjam ist. Es kann Tage dauern, bis er sie findet. Er glaubt nicht, daß die Frauen das alte Lager verlassen haben, sie werden auf die Heimkehr der Männer warten. Sein Pferd ist müde, es stolpert immer wieder, trotzdem kann er es nicht schonen. Er klopft ihm auf den Hals und ermuntert es mit seinem Zuspruch. Stundenlang ist er schon geritten und hat noch nichts erreicht. Er durchquert eine Lichtung. Ein Stein fliegt an ihm vorbei, der zweite trifft direkt seine Schläfe, so daß er lautlos vom Pferde stürzt. Aus den Büschen stieben drei Zigeuner herbei. „*Wir haben ihn*", rufen sie, „*wir haben den Verräter. Er soll uns nicht entkommen.*" Bevor Myrrhio zu Bewußtsein kommt, schlingen sie einen Strick um seinen Hals, und erhängen ihn an dem kräftigen Ast einer Kastanie. *„Das ist sein Lohn, der er den Stamm durch seinen Verrat aufgerieben hat."* Lautlos, wie sie kamen, entfernen sie sich.

Die Frauen des Stammes sind unruhig geworden, sie ziehen aus, die Männer zu suchen. Ihnen allen voran eilt Myrrjam. Eine unerklärliche Angst, wie sie sie noch nie empfunden hat, bemächtigt sich ihrer. Die ganze Nacht ist sie unruhig hin- und hergelaufen. Immerfort hörte sie ihren Namen. Sie war es, die die Frauen zum Aufbruch drängte. Nun laufen sie schon den ganzen Tag durch den Wald. Der Abend wirft bereits lange Schatten. Nirgends findet sich eine Spur. Der Mond ist aufgegangen. Die Frauen rasten. Myrrjam setzt sich abseits. Da scheint ihr, als zupfte sie jemand am Gewand. Sie sieht niemanden. Ihre Angst wird würgender. Sie läuft eine Strecke in den Wald hinein. Zwischen den Stämmen entdeckt sie das Pferd Myrrhios. *„Bei den Geistern des Waldes, wie kommt Myrrhios Pferd hierher?"* Sie läuft zu ihm hin und legt ihren Kopf an seine weichen Nüstern. *„Bastia, wo ist dein Herr?"* Das Pferd schnaubt. Myrrjam sucht im Dunkeln nach den Spuren des Pferdes. Sie schwingt sich auf seinen Rücken. Langsam fängt es an zu traben. Es ist noch nicht lange unterwegs, da stößt Myrrjam einen gellenden Schrei aus. Wenige Meter vor ihr hängt Myrrhio. Wer hat ihn erhängt? Myrrjam springt vom Pferde. Sie reißt ihr Messer aus dem Gurt, durchschneidet den Strick. Der Körper ist schon steif und kalt. *„Myrrhio, weshalb bist du fortgegangen? Wo du bist, muß auch ich sein."* Sie stößt sich das Messer in den Hals. Das Blut spritzt aus den Adern, dann sinkt sie leblos über ihm zusammen.
Im Refektorium des Klosters des heiligen Franziskus liegt der sterbende Abt auf eine Liegestatt gebettet. Matt beleuchtet

hängt der Gekreuzigte vor ihm. Um ihn herum stehen wie Schemen die Patres und Fratres des Heiligen Franziskus. Gespensterhaft fällt der Schein der brennenden Pechfackeln auf die Gesichter. Der Abt hat die Augen geschlossen und die Hände über dem Herzen gefaltet. Gegen Ende des Tages hatte sich bei ihm eine Herzschwäche eingestellt, die immer drohender wurde. Als die Brüder sahen, daß dem Abt nicht mehr zu helfen war, brachten sie ihn in diesen Raum.

Die Lippen des Abtes sind fest geschlossen. Von weit her dringt der Gesang der Mönche an sein Ohr. Er weiß, daß seine Stunde geschlagen hat. Er ist auch innerlich bereit zu gehen, aber er muß warten, bis Myrrhio und Myrrjam zurückgekommen sind. Myrrhio hat versprochen, er werde zurückkommen, und der Abt glaubt ihm. So hat er seine Hände gefaltet und wartet. Allzulange dürfen sie nicht mehr ausbleiben, er fühlt, er hat nicht mehr viel Zeit. Da geht ein leichtes Lächeln über sein Gesicht, er hebt die Hand zum Segen, denn nun sind sie da. Sie stehen zu seinen Füßen und sehen ihm ins Gesicht. *„Wir sind hier, ehrwürdiger Vater"*, sagt Myrrhio, *„wir wollen euch mit uns nehmen." „Wo kommt ihr her?"* Der Abt sagt es nicht, er denkt es nur. *„Verzeiht, ehrwürdiger Vater, ich habe vergessen, woher ich komme. Zu vieles geht mir durch den Kopf. Wo war ich zuletzt, ehrwürdiger Vater? War ich in dem großen Zelt, wo mich der Durst so plagte und Adelheid an meiner Seite stand und mir die Lippen netzte?" „Was redest du von Adelheid, Myrrhio, dein Leben war im Wald." „Ja, ehrwürdiger Vater, es war im Walde. Mein Leben war bei den Zigeunern, aber nicht immer, ehrwürdiger Vater. Ich habe ein wüstes Leben geführt. Tränen habe ich gesät, mehr Tränen als Freude, Weiberherzen habe ich gebrochen." „Wann denn"*, fragt der Abt. *„Als Lichtenau, doch dann hat mich das Zigeunerweib verwünscht: Du sollst büßen, und du sollst leben, wie ich gelebt habe, bevor ich*

dich kannte. Da wurde ich Myrrhio, der Sohn der Zigeunerin. Ihr Sohn mußte ich sein. So waltet das Karma. Du kannst es noch nicht sehen, ehrwürdiger Vater. Schuld muß gesühnt werden."
„Ja", sagt der Abt, *„Schuld muß gesühnt werden, nicht eher werdet ihr frei." „Kommt mit uns, ehrwürdiger Vater, es ist dunkel um uns. Wo du bist, ist die Helligkeit."*
Tief atmet der Abt. *„Er ist tot"*, sagen die Brüder.
„Requiescat in pace", singen sie. Sie beugen das Knie. Es scheint ihnen, als sei der Raum auf einmal hell erleuchtet, und schlagen das Kreuz.

„Requiescant in pace"